ANITA BECHLOCH

The Glow

NATURKOSMETIK SELBER MACHEN

The Glow
NATURKOSMETIK
SELBER MACHEN

DIE GU-QUALITÄTS-GARANTIE

Wir möchten Ihnen mit den Informationen und Anregungen in diesem Buch das Leben erleichtern und Sie inspirieren, Neues auszuprobieren. Bei jedem unserer Produkte achten wir auf Aktualität und stellen höchste Ansprüche an Inhalt, Optik und Ausstattung. Alle Informationen werden von unseren Autoren und unserer Fachredaktion sorgfältig ausgewählt und mehrfach geprüft. Deshalb bieten wir Ihnen eine 100 %ige Qualitätsgarantie.

Darauf können Sie sich verlassen:
Wir legen Wert darauf, dass unsere Gesundheits- und Lebenshilfebücher ganzheitlichen Rat geben. Wir garantieren, dass:

- alle Übungen und Anleitungen in der Praxis geprüft und
- unsere Autoren echte Experten mit langjähriger Erfahrung sind.

Wir möchten für Sie immer besser werden:
Sollten wir mit diesem Buch Ihre Erwartungen nicht erfüllen, lassen Sie es uns bitte wissen! Wir tauschen Ihr Buch jederzeit gegen ein gleichwertiges zum gleichen oder ähnlichen Thema um. Nehmen Sie einfach Kontakt zu unserem Leserservice auf. Die Kontaktdaten unseres Leserservice finden Sie am Ende dieses Buches.

GRÄFE UND UNZER VERLAG
Der erste Ratgeberverlag – seit 1722.

KGS

INHALT

LIEBE LESERINNEN, LIEBE LESER,

nach zehn turbulenten und anstrengenden Jahren in der Medienbranche merkte ich mit Anfang 30, dass es Zeit wurde, meinen Lebensstil grundsätzlich zu verändern. Allergien, häufige Kopfschmerzen und immer länger andauernde Erkältungen waren klare Zeichen, dass ich meine Gesundheit zu lange auf die leichte Schulter genommen hatte. Als ich begann, mehr auf mich zu achten und bewusster zu leben, konzentrierten sich meine Bemühungen allerdings erst einmal aufs Essen. Dass noch ein wichtiges Teil des Puzzles fehlte, wurde mir klar, als ich eines Morgens im Bad über die Inhaltsstoffe meiner zahlreichen Pflegeprodukte stolperte: Sodium Laureth Sulfate, Polyethylenglykol, Methoxydibenzoylmethane – und das war erst der Anfang einer langen Liste. Was genau waren das für Stoffe, und konnte man sie wirklich guten Gewissens täglich verwenden?

Nach einer kurzen Recherche stellte sich heraus: Den Großteil unserer Hautpflege machen synthetisch in Laboren hergestellte Chemikalien aus, während die auf der Verpackung angepriesenen »natürlichen« Wirkstoffe oft nur in geringen Mengen enthalten sind. Wie skurril: Ich mied in der Küche künstliche Konservierungsstoffe und Zusätze, um sie mir Minuten später im Bad auf die Haut zu reiben, von wo aus sie in den Körper geschleust werden.

Der Handel bietet mittlerweile ein recht großes Sortiment an »grüner« Kosmetik, doch selbst hier finden sich viele unnötige Inhaltsstoffe der konventionellen Skincare wieder. Die wirklich reinen und hochwertigen Produkte sind dagegen oft sehr teuer und nicht überall erhältlich. So kam ich ins Grübeln: Wenn ich von Fertigprodukten zu gesundem, frisch gekochtem Essen umsteigen konnte, warum sollte es dann nicht möglich sein, auch meine Hautpflege selbst herzustellen? Was anfangs kompliziert erschien, stellte sich letzten Endes einfacher heraus, als ich es mir hätte träumen lassen. Mit normalem Küchenequipment und wenig Zeitaufwand konnte ich meine Cremes, Scrubs und Lotionen selbst anrühren – alle aus reinsten, natürlichen Zutaten und mit dem Duft von ätherischen Ölen. Von ersten Erfolgen angespornt, schwatzte ich auch meiner Familie und guten Bekannten die selbst gemachte Skincare auf. Nach anfänglicher (und wer meine Fertigkeiten in der Küche kennt, würde sagen, berechtigter) Skepsis wurden die Produkte von allen begeistert angenommen.

Als Freundinnen mich dann um die Rezepte baten, fiel der Groschen: Ich wollte das Wissen, das ich mir in den letzten Jahren aus Büchern, Internet und von Experten angeeignet hatte, zusammenfassen und auf unkomplizierte Weise weitergeben. Das Buch sollte zeigen, wie einfach und befriedigend es ist, seine Hautpflege selbst herzustellen, und anderen dabei helfen, einen reinen und ganzheitlichen Lifestyle ohne unnötige Chemie zu führen. Das Ergebnis halten Sie in Ihren Händen. Viel Spaß beim Ausprobieren!

Herzlichst, Ihre

Die

Basics

Es sprechen viele Gründe dafür, seine Kosmetik selbst herzustellen. Man muss dazu kein Chemiker sein und braucht kein Labor. Betrachten Sie Skincare als das, was sie ist – Nahrung für Ihre Haut. Diese können Sie in Ihrer Küche zubereiten. Über Zutaten und das nötige Equipment informieren die folgenden Seiten.

SKINCARE

selbst herstellen – warum?

Der erste und einfachste Grund, warum man seine Pflegeprodukte selbst herstellen sollte, liegt auf der Hand: Die Haut ist mit circa zwei Quadratmetern Fläche unser größtes Organ. Als Schutzmantel gegen Umwelteinflüsse kann sie zwar von gewissen Nährstoffen, aber eben auch von Giftstoffen durchdrungen werden.

Die durchschnittliche Verbraucherin kommt pro Tag allein durch ihre Kosmetik mit etwa 100 verschiedenen Chemikalien in Kontakt. Falls Sie denken, dass Sie weit unter dem errechneten Durchschnitt liegen, nehmen Sie die Produkte in Ihrem Bad doch einmal genau unter die Lupe: Wie viele davon benützen Sie täglich? Duschgel, Shampoo, Conditioner, Zahnpasta, Bodylotion, Feuchtigkeitscreme, Deo und Rasierschaum? Vielleicht noch Make-up, Lippenstift, Nagellack, Selbstbräuner und Parfum? Dann blicken Sie auf die Rückseite Ihrer Produkte und zählen die jeweiligen Inhaltsstoffe zusammen – achten Sie besonders auf diejenigen mit den komplexen chemischen Namen. Wenn Sie nicht wissen, von welcher Pflanze dieser Stoff kommt, Sie den Namen nicht auf Anhieb aussprechen können oder dieser mehr als vier Silben hat, so können Sie davon ausgehen, dass Sie diese Substanz lieber nicht in Ihrem Körper haben wollen.

Erschreckend viele dieser Inhaltsstoffe haben krebserregende oder hormonähnliche Eigenschaften. In letzterem Falle greifen sie in das hochsensible Hormonsystem des Organismus ein, das eine Vielzahl an Körperfunktionen reguliert. Die Folgen können unter anderem Unfruchtbarkeit, Übergewicht, Diabetes, Schilddrüsenprobleme, Herzkreislauferkrankungen und diverse hormonell bedingte Krebsarten wie Brust- oder Hodenkrebs sein. Auch die immer früher einsetzende Pubertät bei Kindern wird auf derartige Wirkstoffe zurückgeführt.

FALSCHE SICHERHEIT

Aber wie kann es sein, dass gesundheitsgefährdende Chemikalien trotzdem weiterhin in unserer Kosmetik verwendet werden dürfen? Sicherlich können die geringen Mengen dieser Substanzen nicht schädlich sein, sonst würde doch irgendeine Behörde Alarm schlagen und sie verbieten – richtig? Leider ist es nicht ganz so einfach. Innerhalb der EU gilt die Regel, dass Kosmetikhersteller selbst für die Sicherheit ihrer Produkte bürgen müssen; die Überprüfung der diesbezüglichen Angaben erfolgt allerdings nur stichprobenartig. Zudem sind zwar Obergrenzen für gesundheitlich bedenkliche Stoffe gesetzt, doch gelten diese nur für jeweils eine Substanz pro Produkt.

Das heißt im Klartext: Ein Duschgel könnte gleich mehrere gefährliche Stoffe in der zulässigen Höchstkonzentration beinhalten, ohne dass damit gegen die Regeln verstoßen würde. Und sollten Sie anschließend noch eine Bodylotion, ein Deo und einen Rasierschaum verwenden, die ebenfalls gesundheitsschädliche Substanzen beinhalten, haben Sie einen potenten Chemiecocktail, der täglich über Ihre Haut in den Körper gelangt.

LANGFRISTIGE FOLGEN

Es heißt, die Dosis mache das Gift. Was in kleinen Mengen unbedenklich erscheint, kann in der Langzeitwirkung aber völlig unüberschaubare Folgen haben. Labortests geben Aufschluss darüber, wie unser Organismus kurzfristig auf einen bestimmten Stoff reagiert. Unklar bleibt jedoch, wie dieser sich bei täglicher Aufnahme über Jahrzehnte hinweg auswirkt. Oder was passiert, wenn mehrere dieser Chemikalien aufeinandertreffen? Wie reagieren sie miteinander, und welche Folgen hat das über die Dauer unseres Lebens gesehen für unseren Organismus? Die Antwort ist ernüchternd: Man weiß es nicht genau. Natürlich ist unser Körper darauf ausgerichtet, sich gelegentlich mit einer kleinen Dosis Gift auseinanderzusetzen. Ein falscher Pilz aus dem Wald oder der Stich eines giftigen Insekts bedeutete für unsere Vorfahren schließlich nicht gleich das Todesurteil. Wir haben einen gut funktionierenden Abwehr- und Entgiftungsapparat mit auf den Weg bekommen, der uns auch Angriffe von Bakterien, Viren oder Schimmelpilzen überstehen lässt. Doch seit wenigen Generationen neu ist die ständige Belastung mit synthetischen Substanzen. Angesichts der stetig steigenden Anzahl von Krebserkrankungen und Allergien müssen wir uns fragen, inwieweit die kontinuierliche Ladung Chemie aus unseren Lebensmitteln und Pflegeprodukten bei dieser Entwicklung eine Rolle spielt.

NAHRUNG FÜR DIE HAUT

Die Grundregel für die Wahl der Skincare lautet: Was man nicht in den Mund nehmen würde, sollte man auch nicht auf die Haut auftragen!

Mit wachsendem Bewusstsein für Gesundheit und Nachhaltigkeit ist die Nachfrage an »sauberen Hautpflegeprodukten« in den letzten Jahren enorm angestiegen. Allein 2013 verzeichnete der Markt für Naturkosmetik einen Zuwachs von sieben Prozent, wohingegen der für herkömmliche Pflegeartikel keine große Entwicklung verbuchen konnte. Die großen Konzerne haben den Trend erkannt und sind längst auf den Zug aufgesprungen. Aber nicht überall, wo »natürlich« draufsteht, ist auch »natürlich« drin – genau genommen, in den seltensten Fällen. Nicht jedem vollmundigen Werbeversprechen darf man also Glauben schenken. Und was genau ist eigentlich Naturkosmetik?

Natürlich schön mit Kosmetikprodukten aus frischen Zutaten.

MANGELNDE TRANSPARENZ

Der Begriff »Naturkosmetik« ist bis heute nicht geschützt. So fällt es oft schwer zu beurteilen, was nun wirklich hochwertige und unbedenkliche Pflegeprodukte sind. Es gibt diverse Verbände wie Ecocert oder den BDIH (→ Seite 126), deren Anforderungen an die Kosmetikhersteller allerdings je nach Organisation variieren. Zudem sind nicht alle unbedenklichen Erzeugnisse auch tatsächlich mit einem entsprechenden Siegel gekennzeichnet: So produzieren kleinere Labels teilweise reine und hochwertige Skincare, können sich aber die Zertifizierung nicht leisten.

Dagegen führen große Kosmetikkonzerne den Käufer mit ansprechendem Vokabular oftmals gezielt in die Irre: Schlagworte wie »hypoallergen«, »dermatologisch getestet«, »ohne Parabene« oder »mit echtem XYZ« (wahlweise eine exotische Pflanze, von der Sie noch nie gehört haben, oder eine Substanz mit wissenschaftlich klingendem Namen) suggerieren, dass es sich hier um besonders reine und natürliche Produkte handelt. Bei näherem Betrachten der Inhaltsstoffe zeigt sich aber ein ganz anderes Bild: »Ohne Parabene« bedeutet meistens, dass diese durch andere, weniger erforschte Konservierungsstoffe wie z. B. Phenoxyethanol ersetzt sind. »Hypoallergen« heißt: Diese Substanz löst weniger oft Allergien aus als andere. Bei »dermatologisch getestet« bleibt unklar, was genau wie lange und vor allem an wem getestet wurde.

Fazit: Lassen Sie sich nicht von Marketingphrasen in die Irre führen, sondern beachten Sie einfach das Kleingedruckte. Gute Zutaten wie Pflanzenbutter, ätherische Öle und nicht-synthetische Wirkstoffe finden sich, wenn überhaupt, meist nicht unter den »Top 5« in der Liste der Inhaltsstoffe – je weiter unten sie stehen, desto geringer ist jedoch ihr Anteil am Produkt.

MARKE EIGENHERSTELLUNG

Die Wahrheit ist: Wirklich reine Skincare ohne schädliche Zusätze ist teuer und / oder rar. Aber glücklicherweise haben Sie ja bereits eine ganz simple Lösung gefunden – Sie produzieren Ihre Hautpflege einfach selbst! Die Vorteile:

- **Transparent** Wer seine Pflege selbst herstellt, weiß genau, was NICHT in ihr steckt. Sie ist frei von schädlichen Konservierungsstoffen, synthetischen Düften, genmanipulierten Rohstoffen, industriellen Abfallprodukten wie Paraffinöl und so sauberer als jede Alternative aus dem Handel.
- **Simpel** Die wenigsten Menschen realisieren, wie einfach es ist, Skincare selbst anzurühren. Sie brauchen kein Labor, kein Chemiestudium und keine Vorkenntnisse. Auch wenn es komplexere Rezepte gibt: Mit ein bisschen Öl und einem natürlichen Konsistenzgeber wie Bienenwachs oder Sheabutter können Sie bereits eine Menge Pflegeprodukte für sich und Ihre Familie herstellen.
- **Frisch** Viele Zutaten in den folgenden Rezepten sind frisch und

Frische Produkte versorgen die Haut optimal mit Nährstoffen.

DIE WENIGSTEN MENSCHEN REALISIEREN, WIE EINFACH ES IST, SKINCARE SELBST ANZURÜHREN. SIE BRAUCHEN KEIN LABOR, KEIN CHEMIESTUDIUM, KEINE VORKENNTNISSE.

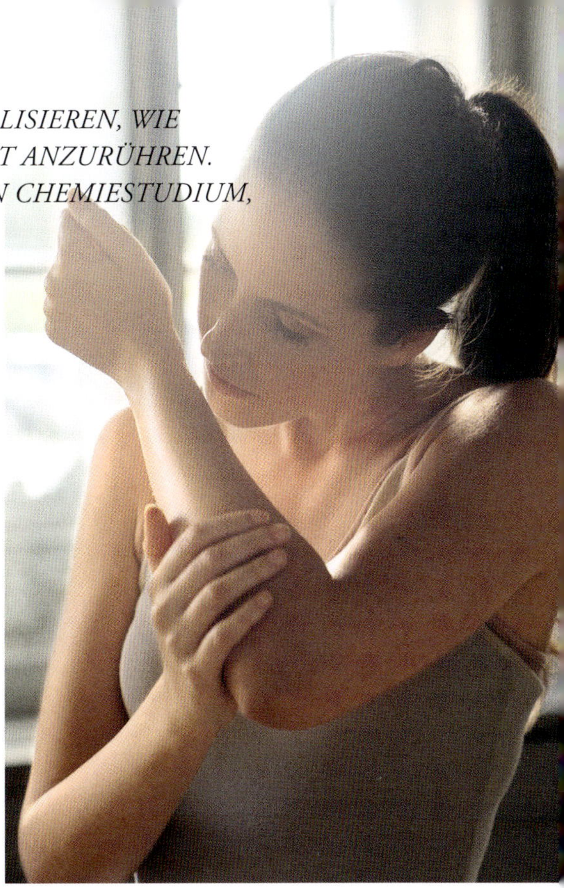

Der feine Duft ätherischer Öle kann Geist, Psyche und Körper positiv beeinflussen. Versuchen Sie es!

enthalten noch ihre ursprünglichen Nährstoffe wie natürliche Antioxidantien, Mineralstoffe und Vitamine – sie nähren Ihre Haut von außen!

◆ **Individuell** Unsere Haut verändert sich sowohl mit dem Alter als auch mit den Jahreszeiten, dem Hormonhaushalt und unseren Lebensgewohnheiten. Wer seine Skincare selbst herstellt, kann flexibel auf die aktuellen Bedürfnisse eingehen. Besonders Allergiker haben den Vorteil, dass sie reizende Inhaltsstoffe einfach ersetzen oder weglassen können. Zudem wählen wir unsere Produkte hauptsächlich nach dem Duft aus – und den bestimmen Sie ab jetzt ganz allein!

◆ **Clean** Bei eigens hergestellter Hautpflege fallen kein Verpackungsmüll, keine giftigen Plastikflaschen, keine langen Transportwege und keine Tierversuche an. Viele Rezepte sind für Veganer geeignet oder lassen sich einfach anpassen. Ihr Kennzeichen ist das grüne Blatt-Icon.

◆ **Preiswert** Selbst hergestellte Skincare ist um Längen günstiger als vergleichbare Kosmetik aus dem Handel. Teilweise kostet sie sogar nur einen Bruchteil von nicht-biologischer Luxuskosmetik. Kein Wunder: Die edle Verpackung, ein neues Produktdesign, Marketing, dazu der Hollywoodstar oder das Supermodel, dessen Gesicht die Werbeplakate ziert – das muss bezahlt werden. Der Anteil vom Kaufpreis, der in hochwertigen Zutaten steckt, ist jedoch überschaubar.

◆ **Spaß** Wer sein erstes Beauty-Produkt erfolgreich selbst hergestellt hat, weiß, wovon ich spreche. Die cremigen Konsistenzen, der Duft feiner ätherischer Öle auf der Haut – seine eigene Kosmetik herzustellen, ist ein aufregendes und im wahrsten Sinne des Wortes sinnliches Erlebnis.

◆ **Style** Ihre Produkte sollen nicht nur gut wirken und duften, sondern auch fantastisch aussehen. Während Biokosmetik oft altbacken verpackt ist, können Sie das Design Ihrer eigenen Skincare so gestalten, wie es zu Ihnen passt.

Die Vorteile selbst hergestellter Kosmetik sind so zahlreich, dass es eigentlich keine Ausrede mehr gibt. Falls Sie sich noch nicht an Gesichtspflegeprodukte herantrauen, probieren Sie zunächst einfache Rezepte für den Körper. Damit haben Sie schon mal 95 % Ihrer Haut völlig natürlich und ohne Chemie behandelt! Versuchen Sie es mit einem Scrub oder einer Bodybutter. Sie sind so einfach und günstig herzustellen, dass Sie diese Produkte nie wieder im Handel kaufen!

»THE GLOW«

heiß begehrt, aber schwer erreichbar

Wir alle möchten gesund und sauber leben und unseren Körper nicht unnötig mit Chemikalien belasten. Doch was genauso wichtig ist: Wir wollen fantastisch aussehen! The Glow – das bedeutet gesunde, klare, strahlende Haut. Es ist ein Leuchten von innen heraus, das sich nicht mit Cremes, Make-up oder Highlightern nachahmen lässt.

Es ist der Glow, den die Haut nach einem langen Winterspaziergang besitzt, nach einem Saunagang, nach einer anstrengenden Yogaklasse oder wenn man frisch verliebt ist. Dieses Strahlen ist übrigens kein Privileg junger Haut – es lässt sich in jedem Lebensalter erzielen.

SO KEHRT DER GLOW ZURÜCK

Der Glow ist der heilige Beauty-Gral, heiß begehrt, aber schwer erreichbar. Wir verfolgen zwei Herangehensweisen. Die erste ist die einfachere, hier setzen unsere Rezepte an: Wir verhelfen der Haut von außen zu ihrem natürlichen Strahlen. Voraussetzung dafür ist eine gesunde und gut gereinigte Hautoberfläche, frei von Schmutz, Make-up-Resten, überschüssigem Talg und Verhornungen – also porentief rein, wie es in der Werbung heißt. Schützen Sie Ihre Haut zudem vor Feuchtigkeitsverlusten, sonst bildet sie schneller Fältchen, reflektiert kein Licht und wirkt dadurch stumpf. Für die Versorgung mit Sauerstoff ist eine gute Durchblutung wichtig. Das alles sind Maßnahmen, die wir mithilfe der selbst hergestellten Skincare in Angriff nehmen.

Doch jetzt zur schlechten Nachricht: Auch wenn die Kosmetikindustrie uns gerne vom Gegenteil überzeugen möchte – Schönheit kommt sprichwörtlich von innen. Nichts, was wir allein von außen auf die Haut auftragen, kann ihr dauerhaft zum Strahlen verhelfen. Um unser Aussehen wirklich nachhaltig positiv zu beeinflussen, müssen wir die Haut auch von innen versorgen. Das erreichen wir mit der richtigen Ernährung, einem optimalen Feuchtigkeitshaushalt, guter Durchblutung und – falls nötig – einer Umstellung unserer Lebensgewohnheiten.

OHNE ANHALTENDE WIRKUNG

Jedes Jahr werden Milliarden von Euro für Anti-Aging-Cremes und -Kosmetik ausgegeben, doch keiner dieser teilweise sehr teuren Artikel hat die Kraft, den Alterungsprozess umzukehren. Je dramatischer und schneller der versprochene Effekt eintreten soll, desto mehr Skepsis ist angebracht. Ein effektives Produkt kann die Zeichen der Hautalterung kurzzeitig maskieren, indem es zum Beispiel die Haut zusammenzieht und so erste feine Linien mildert. Langfristig kann die-

Der Glow ist kein Privileg junger Haut – gesunde Ernährung und ein ausgeglichener Lebensstil lassen die Haut in jedem Lebensalter strahlen!

ser Effekt jedoch nicht aufrechterhalten werden, da Wirkstoffe wie Kollagen bei äußerlicher Anwendung in den meisten Fällen gar nicht in den Körper eindringen können. Der Grund dafür liegt im Aufbau der Haut, unserem größten und besonders vielseitigen Organ.

DER AUFBAU DER HAUT

Unsere Haut schützt uns vor Umwelteinflüssen, reguliert die Körpertemperatur, den Wasserhaushalt und ist ein wichtiges Stoffwechselorgan. Anhand ihres Aussehens kann man viele Rückschlüsse auf unseren Gesundheitszustand und unser Seelenleben ziehen. Die Haut speichert Wasser und Fett, sondert Schweiß oder Talg ab und erneuert sich fortlaufend selbst. Um sie bestmöglich versorgen zu können, müssen wir verstehen, wie sie grundsätzlich aufgebaut ist.

DIE EPIDERMIS (OBERHAUT)

Die Epidermis ist die oberste, sichtbare Hautschicht und besteht aus mehreren Zellschichten, die übereinandergestapelt sind wie ein Kartendeck. In der untersten Lage wachsen neue Zellen heran, die innerhalb von etwa 30 Tagen an die Oberfläche wandern. Dort sterben sie wieder ab und werden von unten durch neue Generationen ersetzt. Unsere Haut regeneriert sich also ständig selbst. Mit zunehmendem Alter verlangsamt sich dieser Zellerneuerungsprozess, außerdem kann die Haut nun weniger Feuchtigkeit speichern. Die Oberhaut enthält nur einen geringen Wasseranteil und setzt sich hauptsächlich aus Keratinozyten (Hornzellen) und einer dünnen Lipidschicht (Fett) zusammen. Keratin ist wasserabweisend und verleiht der Haut Festigkeit. Eine intakte Lipidschicht schützt vor Feuchtigkeitsverlust und hält die Haut geschmeidig. Auf der Epidermis zeichnen sich die unerwünschten Anzeichen der Hautalterung ab: Dazu gehören Falten, Pigmentflecken und fahler Teint.

Im Schlaf regeneriert sich die Haut von den Strapazen des Tages, Zellen werden repariert.

DERMIS (LEDERHAUT)

Direkt unter der Epidermis liegt eine weichere Hautschicht, die Dermis oder Lederhaut. Hier verlaufen zahlreiche Blutgefäße, welche die Versorgung der Epidermis mit Nährstoffen und Sauerstoff gewährleisten. Ihr faseriges Netzwerk aus Kollagensträngen und Elastin verleiht der Haut Spannkraft und hält sie elastisch. Spezielle Nervenzellen wie auch freie Nervenendigungen reagieren auf Wärme, Kälte und Berührungsreize. Zudem finden sich hier Talgdrüsen, deren Sekret die Haut vor Austrocknung schützt. Haarwurzeln und Schweißdrüsen sind in tieferen Bereichen der Lederhaut und damit in der Übergangsschicht zur Unterhaut angesiedelt.

DIE SUBCUTIS (UNTERHAUT)

Diese von der Lederhaut unscharf abgegrenzte, stark dehnbare Bindegewebsschicht sorgt über mehr oder weniger umfangreiche Fetteinlagerungen für die Aufpolsterung der Haut. In der Subcutis liegen zahlreiche Blut- und Lymphgefäße, dazu Schweißdrüsen und Haarwurzeln sowie ein dichtes Nervennetz, dessen Endungen alle Hautschichten durchziehen.

Der Schlüssel zu unserem Hautbild liegt also in der Tiefe: Solange Kollagen reichlich vorhanden ist, sieht die Haut jung und prall aus. Mit zunehmendem Alter brechen die Stränge auf, die Haut verliert an Volumen und kann Feuchtigkeit schlechter speichern – dadurch entstehen Falten.

Pflanzenpower bringt Ihre Haut zum Strahlen!

Ernten Sie die Kräuter für Ihre Hautpflege frisch aus dem Garten – oder vom Fensterbrett.

WELCHEN HAUTTYP HABEN SIE?

Die Pflege sollte auf die aktuellen Bedürfnisse unserer Haut abgestimmt sein. Die Betonung liegt auf »aktuell«, denn der Hauttyp ist nicht genetisch vorprogrammiert und kann sich durch den Einfluss von Hormonen, Ernährung, Lebensgewohnheiten, Witterung, aber eben auch durch unsere Pflege verändern. Wir unterscheiden zwischen fünf Hauttypen:

NORMALE HAUT

Merkmale Normale Haut ist glatt, geschmeidig, rosig, feinporig und weist einen matten Glanz auf. Dieser Hauttyp lässt sich eher selten finden, bei den meisten Erwachsenen gerät die Haut ab der Pubertät aus dem Lot. Normale Haut ist der Zustand, den wir wiederherstellen möchten.

Pflege Die Haut morgens und abends reinigen, dabei alkohol- und seifenhaltige Produkte vermeiden. Den Moisturizer nur dann verwenden, wenn Sie ihn wirklich brauchen. Tragen Sie einmal pro Woche eine exfolierende Maske auf.

TROCKENE HAUT

Merkmale Feinporig und glanzlos neigt dieser Hauttyp zur Bildung von Knitterfältchen und einem Spannungsgefühl nach dem Waschen.

Pflege Die Haut morgens und abends reinigen. Vermeiden Sie alkohol- und seifenhaltige Produkte. Den Moisturizer auf die noch feuchte

WIE ERKENNE ICH, WELCHER HAUTTYP ICH BIN?

SIE HABEN:	NORMAL	TROCKEN	SENSIBEL	FETTIG	MISCHHAUT
Große Poren				x	x
Feine Poren	x	x	x		
Glänzende T-Zone					x
Gesamtes Gesicht glänzt				x	
Rötungen, feine Äderchen			x		
Spannungsgefühl nach Waschen		x			
Akne				x	x
Mitesser				x	x
Starke Falten			x		
Dünne Haut			x		
Feste Haut				x	x
Strahlende Haut	x				

Haut auftragen. Genießen Sie einmal pro Woche eine feuchtigkeitsspendende Maske. Falls die Haut am Körper ebenfalls sehr trocken ist, verwenden Sie statt Duschgel einen Sugar Scrub.

SENSIBLE HAUT

Merkmale Ähnlich der trockenen Haut ist sie feinporig und neigt zu stärkerer Faltenbildung. Zusätzlich tendiert dieser Hauttyp jedoch zu Rötungen und geplatzten Äderchen und reagiert schnell gereizt auf diverse Pflegeprodukte.

Pflege Zweimal pro Tag mit einem milden, nicht seifenhaltigen Cleanser reinigen. Wenn Sie Make-up tragen, sollten Sie es vor der Reinigung mithilfe der Oil Cleansing Method abnehmen (→ Seite 43). Vermeiden Sie alkoholhaltige Toner sowie Seifenprodukte, und achten Sie darauf, dass Ihre Skincare keine Fruchtsäuren oder

Mit individuell auf Ihren Typ abgestimmter Pflege gehören Hautprobleme schon bald der Vergangenheit an.

künstlichen Inhaltsstoffe aufweist. Wenn Ihre Haut zu geplatzten Äderchen neigt, sollten Sie besser auf Gesichtsdampfbäder verzichten.

FETTIGE HAUT

Merkmale Die großporige, fettig glänzende Haut neigt zu Pickeln und Mitessern.

Pflege Zweimal täglich gründlich reinigen. Verwenden Sie danach einen milden, alkoholhaltigen Toner. Sollte Ihre Haut genügend Fett produzieren, können Sie auf den Moisturizer eventuell gänzlich verzichten. Tragen Sie einmal pro Woche eine reinigende Maske auf.

MISCHHAUT

Merkmale Sie ist gekennzeichnet durch fettige Partien an Stirn, Nase und Kinn, während die Haut im Augen- und Wangenbereich trocken ist.

Pflege Zweimal täglich mild reinigen. Behandeln Sie die Gesichtszonen nach ihren Bedürfnissen: Trockene Stellen vertragen keinen alkoholhaltigen Toner, brauchen aber Moisturizer. Letzteren lassen Sie in fettigen Bereichen eventuell ganz entfallen. Hier einmal wöchentlich eine reinigende, in den trockenen Zonen dagegen eine feuchtigkeitsspendende Maske auftragen.

DIE HAUT IN GRIFF BEKOMMEN

Glücklicherweise spielt nicht nur das biologische Alter eine Rolle, es gibt eine Menge äußerer Einflüsse, die unser Aussehen positiv oder negativ beeinflussen. Genau hier setzt The Glow an: Wir betrachten unsere Hautpflege ganzheitlich, bekämpfen also nicht Symptome wie Trockenheit, Akne oder vorzeitige Fältchen, sondern versuchen, deren Ursachen so gut wie möglich auszuschalten. Unsere Haut ist ein intelligentes, atmendes, sich ständig veränderndes Organ mit außergewöhnlicher Regenerationsfähigkeit. Es ist also nie zu spät, das Ruder herumzureißen!

Einfluss auf den Zustand Ihrer Haut nehmen in erster Linie Hormone, Umwelteinflüsse, die Psyche und natürlich Ihr Lifestyle. Darunter finden sich einige Störfaktoren, die den Glow aktiv behindern – und die sind leider nicht einfach wegzucremen. Die häufigsten Glow-Buster:

- chronischer Stress
- zu wenig Schlaf
- falsche Ernährung
- zu viele Giftstoffe im Körper

Unser Lebenswandel steht uns also buchstäblich ins Gesicht geschrieben – und diesen grundlegend zu ändern kostet viel Kraft und Disziplin. Aber es kann schon mit kleinen Umstellungen gelingen, unsere Haut wieder zum Strahlen zu bringen. Fehlt Ihnen die Zeit und die Kraft, alle »Baustellen« gleichzeitig anzugehen, dann tasten Sie sich in kleinen Schritten heran. Die Taktik ist denkbar simpel, aber erfolgreich: Wir bemühen uns, so wenige Toxine wie nur möglich aufzunehmen und gleichzeitig so viele wie irgend machbar wieder auszuscheiden.

10 EINFACHE TIPPS

wie Sie den Glow zurückbringen

1. Easy Detox

Detox, ein beliebtes Schlagwort der Wellness- und Beauty-Industrie, bedeutet nichts anderes als »Entgiftung«. Daraus hat sich ein profitables Business entwickelt, eine »Absolution« für ungesunden Lifestyle.

Tatsächlich lassen sich die Auswirkungen von chronischem Stress, schlechter Ernährung und chemischer Belastung aber nicht mit einer kurzen Saftkur wegzaubern. Es ist heutzutage praktisch unmöglich, Giftstoffe komplett zu vermeiden. Sie befinden sich in der Luft, im Trinkwasser, in unserer Kleidung, in Lebensmitteln und natürlich in konventioneller Hautpflege. Kein Grund, die Flinte deswegen direkt ins Korn zu werfen. Beginnen Sie mit kleinen Schritten. Es muss nicht gleich eine Rundum-Erneuerung werden. Mit selbst hergestellter Hautpflege gehen Sie schon einen riesigen Schritt in die richtige Richtung. Entwickeln Sie darüber hinaus ein Bewusstsein für das, was Sie konsumieren. Ob Biolebensmittel, Kleidung aus natürlichen Stoffen oder umweltverträgliche Putzmittel – die Summe der kleinen Dinge macht den großen Unterschied. Und dass Zigarettenrauch auch für Passivraucher reines Gift ist, war Ihnen ohnehin klar!

2. Durchatmen

Es ist allgemein bekannt, dass chronischer Stress schlecht für die Gesundheit ist, aber die wenigsten machen sich bewusst, wie schnell er unsere Haut altern lässt. Darum – entspannen Sie sich!

Keine Sorge, es ist nicht nötig, eine Meditationsecke im Büro einzurichten, den Job zu wechseln oder Ihre Freunde zu vernachlässigen. Im ersten Schritt genügt ein kurzes Innehalten und die Konzentration auf die richtige Atmung. Hören Sie in sich hinein: Ist Ihr Atem flach und unregelmäßig? Dann atmen Sie tief in den Bauch, und spüren Sie, wie die Bauchdecke sich ausdehnt. Zählen Sie bei der Einatmung ganz langsam bis fünf, kurz den Atem anhalten, auf acht langsam ausatmen. Konzentrieren Sie sich nur auf den tiefen Atem und aufs Zählen. Wiederholen Sie dies einige Male. Sie sind jetzt entspannter, mehr Sauerstoff durchströmt Ihr Blut (und damit Ihre Haut!), die negativen Gefühle haben sich beruhigt. Diese Technik hat nebenbei einen ganz unspirituellen, praktischen Vorteil: Die Lunge ist eines unserer wichtigsten Stoffwechselorgane. Allein durch tiefes Ausatmen scheiden Sie schon eine Menge Giftstoffe aus.

3. Zucker einschränken!

Glukosemoleküle – sprich: Zucker – heften sich an die Kollagenstränge und lassen diese vorzeitig aufbrechen. Die Haut verliert an Festigkeit, und somit entstehen Falten.

Wer viel Zucker zu sich nimmt, auch in Form von Weißbrot, Kuchen und Co., beschleunigt den Alterungsprozess somit um ein Vielfaches. Zucker steckt in erstaunlich vielen, nicht zwangsläufig süßen Lebensmitteln und lässt sich so nicht immer vermeiden. Achten Sie genau wie bei Ihrer Kosmetik auch bei Lebensmitteln auf die Zutatenliste: Ist Zucker unter den »Top 3«, lassen Sie das Produkt im Regal stehen.

4. Alkoholkonsum reduzieren

Alkohol dehydriert und drosselt die Kollagenproduktion. Ist der Organismus nach einer durchzechten Nacht mit Alkoholabbau beschäftigt, kann er sich nicht um die Regeneration Ihrer Haut kümmern.

Alkohol lässt die Haut also schneller altern und sollte daher, so gut es geht, eingeschränkt werden. Ich weiß, was Sie jetzt denken: Kein Zucker, kein Kuchen, und jetzt soll auch noch der Alkohol gestrichen werden? Keine Sorge – schädlich ist in erster Linie die Frequenz und die Menge des Alkoholkonsums: Wer täglich zwei Gläser Wein zum »Runterkommen« nach einem harten Tag im Büro braucht, gönnt seinem Organismus keine Pause. Der Schlaf ist unruhig, und Sie wachen leichter wieder auf. Je weniger Alkohol Sie konsumieren, desto mehr Energie wird in die Regeneration Ihrer Schönheit gesteckt – ganz einfach.

5. Feuchtigkeit tanken

Diesen Tipp hören Sie sicher nicht zum ersten Mal: Sie sollten täglich mindestens eineinhalb bis zwei Liter trinken. Aber warum ist das eigentlich so wichtig?

Ganz einfach: Wasser schwemmt über die Nieren Giftstoffe aus dem Körper und versorgt die Dermis mit Feuchtigkeit; die Haut wirkt dadurch prall und gesund, dunkle Augenringe können gemildert werden. Einzige Einschränkung: Nur Wasser oder Kräutertees haben den gewünschten Effekt. Kohlensäurehaltige Getränke und Fruchtsäfte sind stark zuckerhaltig und somit eher schädlich (→ Punkt 3). Wer jetzt denkt, er könne mit Light-Getränken schummeln – Fehlanzeige! Aspartam und andere künstliche Süßstoffe sind pure Chemie und um einiges gesundheitsschädlicher. Ein notorischer Glow-Buster ist übrigens Kaffee. Statt hydrierend zu wirken, entzieht das Koffein der Haut Feuchtigkeit und kurbelt die Produktion von Adrenalin an. Das bedeutet mehr Stresshormone für den Körper und weniger Regeneration für die Haut.

6. Verdauung auf Trab bringen

Haut, Nieren, Lunge, Leber und Darm sind die natürlichen »Detox«-Organe. Über sie scheiden wir Giftstoffe aus und reinigen uns so von innen. Die Darmgesundheit spielt dabei eine entscheidende Rolle.

Wenn Lebensmittelreste zu lange im Verdauungstrakt bleiben, wandeln sie sich in Giftstoffe um. Das kann zu einer Entzündungsreaktion im Körper führen, die sich oft auch über die Haut manifestiert: Allergien, Akne, Ekzeme oder Schuppenflechte können Zeichen dafür sein, dass die Darmgesundheit aus dem Gleichgewicht geraten ist. Falls Sie Lebensmittelunverträglichkeiten haben oder Ihre Darmflora durch die Einnahme von Antibiotika geschwächt ist, empfiehlt sich eine Darmsanierung. Lassen Sie sich dabei am besten von Ihrem Arzt oder Heilpraktiker beraten. Ein paar einfache Tipps für eine geregelte Verdauung sind:

- Aloe-Vera-Gel stärkt das Immunsystem und beruhigt Entzündungen. Es hat eine heilende Wirkung auf die Darmwand und kurbelt die Verdauung an.
- Einen ähnlichen Effekt haben geschrotete Flohsamenschalen. In Wasser eingeweicht und täglich eingenommen, sorgt ihr hoher Gehalt an Ballaststoffen für eine rege Darmbewegung, zudem liefern sie wichtige Nährstoffe für eine gesunde, aktive Darmflora.
- Bentonit bindet Schwermetalle und Giftstoffe im Darm und schwemmt sie aus. Ein Heilpraktiker oder Apotheker kann Ihnen erklären, worauf es bei der Anwendung zu achten gilt.

7. Schönheitsschlaf

Dieser Begriff ist keine Phrase – ausreichend und guter Schlaf ist für unser Aussehen das A und O. Während dieser Ruhephase ist unser Körper alles andere als faul: Er regeneriert, repariert, entgiftet.

Dabei dauern die Aufräumarbeiten umso länger, je mehr wir unserem Körper tagsüber zumuten. Aber nicht nur die Dauer, auch die Qualität des Schlafs ist entscheidend. Darum gilt für eine gute Nachtruhe:

- Kein künstliches Licht! Selbst die kleinste Lichtquelle stört die Produktion des Schlafhormons Melatonin und damit Ihren Biorhythmus. Neben störend hellen Straßenlaternen betrifft dies auch Radiowecker, Nachtlichter und natürlich Smartphones.
- Schalten Sie ab. Legen Sie Ihr Smartphone eine halbe Stunde vor dem Zubettgehen beiseite, und beachten Sie es bis zum nächsten Morgen nicht mehr.
- Achten Sie darauf, dass Ihr Schlafzimmer kühl bleibt, und sorgen Sie für ausreichend frische Luft.
- Denken Sie »Zen« – Ihr Schlafzimmer sollte ein Ort des Rückzugs sein. Fernseher, grelle Farben und unübersichtliche Kleiderberge stören die Harmonie und damit Ihre innere Ruhe.
- Essen Sie zwei Stunden vor dem Zubettgehen nichts mehr. Ihr Körper sollte beim Einschlafen besser nicht mit der Verdauung beschäftigt sein.
- Nutzen Sie das Bett nur zum Schlafen. Wenn Sie hier fernsehen oder am Computer spielen, findet Ihr Körper nicht in den Ruhemodus.
- Versuchen Sie es mit Aromatherapie: In diesem Buch (→ Seite 117) finden Sie ein Rezept für ein Kissenspray, das Ihnen auf ganz natürliche Weise zu einem tiefen und erholsamen Schlaf verhilft.

8. Glow Food

Jede Zelle unseres Körpers wird aus dem Treibstoff gebaut, der unseren Organismus versorgt – dem Essen.

Die beste Altersvorsorge für die Haut sind frische Lebensmittel voller Vitamine, Mineralstoffe und Antioxidantien. Letztere schützen vor Hautschäden, die von freien Radikalen verursacht werden. Nüsse, Samen oder Avocados sind Topplieferanten von essenziellen Fettsäuren und lassen die Haut somit von innen strahlen. Selbst wenn Sie genug Gemüse essen, ist ein Großteil davon wahrscheinlich gekocht oder gebraten. Versuchen Sie, den Anteil an Rohkost zu erhöhen. Perfekt geeignet ist ein täglicher Smoothie – dieser liefert mehr Nährstoffe, als Sie sonst in einer Woche zu sich nehmen. Ein Rezept speziell für gesunde Haut (→ Seite 102) finden Sie in diesem Buch, weitere Ideen unter www.gruenesmoothies.org.

9. Dankbarkeit praktizieren

Klingt esoterisch, hilft aber enorm, sich zufriedener zu fühlen. Wir machen damit Schluss, uns auf Probleme oder Unzulänglichkeiten zu konzentrieren, und führen uns vor Augen, was in unserem Leben gut läuft.

Wenn Sie genervt und frustriert sind, nehmen Sie sich nur eine Minute, und zählen Sie auf, wofür Sie dankbar sind: Ihre Gesundheit, Freunde, Ihre Familie oder, wenn Ihnen sonst wirklich nichts einfällt, für das gute Wetter! Selbst wenn scheinbar alles schiefläuft, gibt es immer irgendetwas, was wir für selbstverständlich halten, wofür es sich aber zu danken lohnt. Das verändert Ihre Perspektive und reißt Sie aus dem Strudel negativer Gedanken. Eine positive Grundeinstellung ist ein Muskel, den Sie trainieren können. Immer daran denken: Sorgenfalten und ein verkniffener Gesichtsausdruck lassen niemanden strahlen. Gelassenheit, Zuversicht und Optimismus stehen Ihnen dagegen sprichwörtlich ins Gesicht geschrieben.

10. Sonnenschutz

Eigentlich ist diese Tatsache weithin bekannt, aber der Vollständigkeit halber soll sie hier natürlich nicht unerwähnt bleiben: Übermäßige UV-Strahlung ist der Glow-Buster schlechthin!

Sie lässt freie Radikale entstehen, die das Kollagen in der Haut angreifen und somit deren Festigkeit verringern. Gleichzeitig werden die Hautzellen so geschädigt, dass Krebs entstehen kann. Meiden Sie darum die Sonne in der Mittagszeit; die Intensität und Wirkung der UV-Strahlung ist hier besonders hoch. Gehen Sie ansonsten nur mit entsprechendem UV-Schutz in die Sonne, und vermeiden Sie Sonnenbrand.

DIE ROHSTOFFE

Was Sie für Ihre eigene Skincare brauchen

Sollten Sie gerade erst damit anfangen, Ihre eigenen Kosmetika zu produzieren, so reicht es völlig aus, wenn Sie sich vier bis fünf hochwertige Inhaltsstoffe zulegen. Allein mit einem Ihrem Hauttyp entsprechenden Basisöl, einer Pflanzenbutter und etwas Heilerde können Sie bereits eine komplette kleine Pflegeserie für sich herstellen!

Bei der Herstellung unserer Hautpflege achten wir darauf, nur natürliche und, wenn möglich, pflanzliche Zutaten zu verwenden. Manche Rezepte verlangen nach komplexeren Stoffen wie pflanzlichen Emulgatoren oder leichten, natürlichen Konservierungsstoffen. Wer seine Skincare aber so einfach und pur wie möglich halten will, findet in den Rezepten genügend Ideen, wie man allein mit Ölen, Pflanzenbuttern und frischen Lebensmitteln tolle Produkte kreiert.

BASISÖLE

Diese rein pflanzlichen Naturprodukte bilden die Grundlage unserer selbst gemachten Kosmetik. Achten Sie daher auf beste Qualität: Die Öle sollten nativ, kalt gepresst und idealerweise »bio« sein. Bei raffinierten Sorten werden durch die starke Erhitzung wertvolle Vitamine und ungesättigte Fettsäuren zerstört. Wenn Sie ein Samenöl wie zum Beispiel Sesam- oder Arganöl wählen, achten Sie darauf, dass die Ausgangsstoffe ungeröstet sind. Hier eine Auswahl der in der Naturkosmetik beliebtesten Öle; die meisten davon finden Sie im Biomarkt oder Reformhaus!

Aprikosenkernöl ist ausgezeichnet für sensible, empfindliche oder trockene Haut und ist selbst für die Babypflege geeignet. Es zieht gut ein, festigt das Gewebe, wirkt hautberuhigend und speichert Feuchtigkeit – davon profitiert ganz besonders spröde und rissige Haut.

Arganöl weist von allen Ölen den höchsten Anteil an Vitamin E auf, dazu viele ungesättigte Fettsäuren. Somit schützt es die Haut vor freien Radikalen, hält sie geschmeidig und eignet sich deshalb hervorragend für trockene und reife Haut. Auch Akne, Neurodermitis oder Schuppenflechte lassen sich mit Arganöl behandeln. Sein intensiver Eigengeruch ist sehr speziell, daher verwende ich es nie pur.

Avocadoöl ist ein sehr gut verträgliches Pflegeöl, das sich besonders für reife, trockene und empfindliche Haut eignet. Durch seinen hohen Biotingehalt verbessert sich die Hautstruktur: Die Feuchtigkeit wird bewahrt, der Zellaufbau und die Regeneration unterstützt. Avocadoöl erleichtert es anderen Inhaltsstoffen, schnell in die Haut einzuziehen. Damit erhöht es die Wirksamkeit eines Pflegeprodukts. Zudem lässt es sich bei

Schuppenflechte und Neurodermitis gut einsetzen. Allerdings hat auch dieses dickflüssige, grüne Öl einen starken Eigengeruch.

Distelöl steckt voller Vitamine und verfügt über einen sehr hohen Anteil an Linolsäure. Letztere mindert Hautreizungen, schwächt Pigmentflecken ab und reduziert Mitesser. Distelöl zieht schnell ein und glänzt nicht; daher ist es ideal für fettige und zu Akne neigender Haut.

Jojobaöl ist eigentlich ein flüssiges Wachs und wird deswegen nicht ranzig. Es überzeugt durch seine außerordentlich gute Verträglichkeit und bietet lang anhaltenden Schutz, ohne dabei zu fetten. Ausgezeichnet auch die Tiefenwirkung: Jojobaöl reguliert den Feuchtigkeitshaushalt, hält die Haut glatt und geschmeidig, beugt der Faltenbildung vor und festigt das Bindegewebe.

Kokosöl zieht schnell, aber nur oberflächlich ein. Es wirkt feuchtigkeitsspendend und fettet sehr gut nach, deshalb ist es bei pflegebedürftiger, trockener oder rauer Haut zu empfehlen. Kokosöl hat bei Zimmertemperatur eine feste Konsistenz und wird daher auch als Kokosfett bezeichnet.

Mandelöl ist mit vielen B-Vitaminen und Mineralstoffen eines der wertvollsten Pflanzenöle in der Hautpflege. Es eignet sich für jeden Hauttyp wie auch für die Säuglingspflege, erzeugt ein schönes, weiches Hautgefühl und dringt tief in die Haut ein. Gerade sensible Haut profitiert von seiner beruhigenden Wirkung.

Olivenöl bietet sich hervorragend als Basis für Cremes oder Lotionen an. Es ist ein fettendes Öl, das einen leichten Film hinterlässt und nur langsam in die Haut einzieht. Trockene, schuppige, spröde oder raue Haut profitiert von dieser Eigenschaft. Beim Kauf sollten Sie auf die Bezeichnung »Natives Olivenöl Extra« oder »extra vergine« besonderen Wert legen.

Sesamöl hat in der ayurvedischen Medizin aufgrund seiner wärmenden, entschlackenden Eigenschaften eine lange Tradition als Massageöl. Es zeichnet sich durch einen hohen Anteil an Antioxidantien aus, welche die Zellen vor freien Radikalen schützen und damit der Hautalterung vorbeugen. Sesamöl fördert die Durchblutung, unterstützt die Neubildung von Zellen und die Regeneration der Haut. Darüber hinaus zieht es gut ein und hinterlässt einen sanft schützenden Film, was besonders für trockene, reife Haut von Vorteil ist. Alles in allem ein tolles Detox-Öl!

Traubenkernöl ist sehr reich an Antioxidantien und hat dadurch zugleich eine leicht konservierende Wirkung. Das Öl fettet nicht und zieht sehr gut ein, wodurch Wirkstoffe tief in die Haut eindringen können. Der Talgfluss wird reguliert, die Elastizität und Feuchtigkeit bewahrt. Fettige Haut und Mischhaut, aber auch reife Haut profitieren von den Eigenschaften dieses Öls.

Weizenkeimöl gilt als reichhaltig, pflegt intensiv und hinterlässt einen sanft schützenden Film auf der Haut. Es festigt das Gewebe, hält es elastisch,

Hochwertige Öle sind die Grundlage unserer Skincare.

HOCHWERTIGE WIRKSTOFFÖLE SIND WAHRE ANTI-AGING-WUNDER! DAHER DÜRFEN SIE IN UNSERER SKINCARE NICHT FEHLEN.

Nutzen Sie die Vielfalt! Wählen Sie die Pflanzenöle für Ihre selbst gemachten Pflegeprodukte entsprechend der individuellen Bedürfnisse Ihrer Haut aus, um sie auszugleichen, zu stärken oder zu beruhigen.

reguliert den Stoffwechsel, fördert die Durchblutung sowie die Zellneubildung der Haut und eignet sich ausgezeichnet für die Pflege reifer, trockener Haut und in der Schwangerschaft. Insgesamt verfeinert sich das Hautbild durch das Öl. Einziger Nachteil: der starke Eigengeruch.

WIRKSTOFF- UND SAMENÖLE

Wirkstoff- und Samenöle sind wahre Anti-Aging-Wunder. Sie haben einen stark regenerierenden Effekt und dürfen daher in unserer selbst gemachten Skincare nicht fehlen. Allerdings müssen wir sie in Cremes und Lotionen aufgrund ihrer hohen Empfindlichkeit immer mit einem großen Anteil an Basisöl stabilisieren.

Calendulaöl fördert das Wachstum neuer Hautzellen, wirkt entzündungshemmend und antibakteriell. Es ist Mittel der Wahl bei fast allen Arten von Entzündungen oder Verletzungen der Haut, ob Sonnenbrand, Ekzem oder leichte Brandwunde. Optimal zur Pflege von trockener, rissiger, zur Schuppenbildung neigender Haut.
Hanföl eignet sich aufgrund seiner entzündungshemmenden Wirkung besonders für sehr trockene und hochsensible Haut. Wichtigste Bestandteile sind seine ungesättigten Fettsäuren. Sie fördern die Regeneration der Haut und die Neubildung von Zellen. Hanföl gilt darum als effektives natürliches Antifaltenmittel.
Nachtkerzenöl ist entzündungshemmend und regenerierend. Somit beugt es Hautreizungen, Mitessern und Altersflecken vor. Zudem hilft es hervorragend bei Schuppenflechte oder Neurodermitis, bei extrem trockener, schuppiger oder empfindlicher Haut. Hier wirkt Nachtkerzenöl beruhigend und feuchtigkeitsspendend.
Wildrosenöl enthält viel ungesättigte Fettsäuren, Vitamin A und C. Es beugt sowohl Schwangerschaftsstreifen als auch Falten und Altersflecken vor; selbst Verbrennungen oder Narben lassen sich damit behandeln. Wildrosenöl eignet sich besonders für trockene, spröde und reife Haut.

TIPP

SCHONEND ERWÄRMEN

Wenn Öle zu stark erhitzt werden, verlieren sie ihre heilenden Eigenschaften oder können sogar toxisch werden – daher immer schonend erwärmen! Das Öl darf niemals rauchen oder kochen.

ÄTHERISCHE ÖLE

Ätherische Öle sind duftende, hoch konzentrierte pflanzliche Inhaltsstoffe, die aus Früchten, Blüten, Blättern, Wurzeln, Harzen oder Holzen gewonnen werden. Sie haben eine ausgeprägte Wirkung auf Körper und Psyche und sollten daher mit Vorsicht eingesetzt werden. Verdünnen Sie ätherische Öle immer mit einem Basisöl, und tragen Sie diese nie direkt auf die Haut auf.

TIPP

ERST ABKÜHLEN LASSEN

Da ätherische Öle leicht flüchtig und sehr empfindlich sind, sollten Sie diese dem Produkt erst während der Auskühlphase hinzufügen.

Die ätherischen Öle in meinen Rezepten sind in ihrer Wirkung auf das Produkt abgestimmt. Doch ist das Duftempfinden eine sehr persönliche Sache. Wollen Sie mit anderen Ölen experimentieren, so helfen Ihnen diese Faustregeln:

- 1 ml des Öls entspricht in etwa 20 Tropfen.
- Die Dosierung in Gesichtspflegeprodukten sollte nicht mehr als 0,5 % betragen. Das sind maximal 0,5 ml (circa 10 Tropfen) ätherisches Öl auf 100 ml des Produkts.
- In Körperpflege, die nicht abgewaschen wird, darf der Anteil 1 % ausmachen. Geben Sie höchstens 1 ml (etwa 20 Tropfen) ätherisches Öl auf 100 ml.
- Erzeugnissen wie Scrubs oder Duschgelen, die nach der Körperpflege abgewaschen werden, dürfen Sie ätherische Öle bis zu 2 % beifügen – also maximal 2 ml (circa 40 Tropfen) Öl auf 100 ml.
- Stark reizende Öle extrem sparsam einsetzen (Zimt, Teebaum)!

Angesichts der Vielzahl verschiedenster Öle fällt die Wahl schwer. Um Ihnen den Start zu erleichtern, hier eine Einkaufsliste für Ihr Starter-Kit:

Grapefruitöl duftet herrlich frisch und eignet sich besonders bei Entzündungen oder Hautunreinheiten. Es klärt und strafft die Haut und wird deshalb gerne gegen Cellulite eingesetzt.

Lavendelöl wirkt beruhigend und harmonisierend. Als eines der verträglichsten ätherischen Öle lässt es sich bei allen Hauttypen wie auch in der Schwangeren- und Babypflege anwenden.

Minzöl stimuliert den Geist und die Durchblutung. Es eignet sich zur Pflege von fettiger Haut und hat eine überaus erfrischende Wirkung.

Orangenöl wird aus den Schalen der reifen Frucht gewonnen. Der süße, fruchtige Duft entspannt und löst Ängste. Auf der Haut wirkt Orange entschlackend und adstringierend.

Rosenöl ist ein fantastischer Pflegezusatz, der nicht nur die Haut regeneriert, sondern mit seinem traumhaften Duft auch harmonisierend auf die Stimmung wirkt. Einziger Nachteil: Rosa Damascena ist mit etwa einem Euro pro Tropfen Öl sehr teuer. Als Alternativen bieten sich Palmarosa oder Geranie an. Beide duften ähnlich und haben gleichfalls hautpflegende Eigenschaften.

Ätherische Öle sind hoch konzentriert und gelten als »Seele« der Pflanzen.

Ob Mangobutter oder Bienenwachs – reichhaltige Pflanzenbuttern geben unseren Balms, Cremes und Lotionen nicht nur die richtige Konsistenz, sondern pflegen auch trockene und reife Haut wieder samtweich.

Kosmetik aus Ihrer Küche – reine und unverfälschte Nahrung für Ihre Haut! Denn wer seine Pflege selbst herstellt, weiß genau, was in ihr steckt.

Infos zu weiteren empfehlenswerten ätherischen Ölen finden Sie im Glossar und in den Rezepten. Wählen Sie nur Produkte, die nicht mit einem Basisöl gestreckt sind, erkenntlich an dem Vermerk »100 % naturreines ätherisches Öl« auf dem Etikett. Es lohnt sich auch, Bioqualität zu kaufen – sonst gelangen Giftstoffe wie Pestizide, Insektizide und Dünger aus konventionellem Anbau wieder auf Ihre Haut. Zwar ist Bioware teurer, aber da wir nur wenige Tropfen verwenden, hält sich die Investition in Grenzen.

BLÜTENWASSER (HYDROLAT)

Blütenwasser, auch Hydrolate genannt, fallen als Nebenprodukt bei der Gewinnung von ätherischen Ölen durch Wasserdampfdestillation an. Sie stellen das Kondensat dar, das sich nach Abkühlung des Destillationsdampfes niederschlägt. Neben einem geringen Teil ätherischer Öle sind darin insbesondere die wasserlöslichen Inhaltsstoffe der jeweiligen Pflanzen enthalten. In der Hautpflege lassen sie sich pur als Toner anwenden oder dienen als Grundlage für Cremes und Lotionen. Reine Blütenwasser haben eine äußerst begrenzte Haltbarkeit, da sie rasch von Keimen besiedelt werden können. Darum enthalten sie oftmals einen Anteil Alkohol zur Konservierung. In Rezepturen mit Wasser verlängern sie damit auch die Haltbarkeit des Gesamtproduktes.

Je nach Pflanze wirken Blütenwasser anregend, beruhigend oder entzündungshemmend. Zu den bekanntesten Hydrolaten zählen:

Hamamelishydrolat, gewonnen aus den Blättern und der Rinde des Hamamelisstrauchs, verfügt über eine adstringierende bzw. zusammenziehende Wirkung, was besonders bei unreiner oder großporiger Haut vorteilhaft ist. Das Hydrolat desinfiziert, hemmt Entzündungen, lindert Juckreiz und fördert allgemein die Wundheilung.

Nerolihydrolat, besser bekannt als Orangenblütenwasser, pflegt und entspannt vor allem unreine sowie gestresste Haut, eignet sich jedoch grundsätzlich für jeden Hauttyp. Es wirkt hautstraffend, entzündungshemmend und reinigend.

Rosenhydrolat wird seit Jahrtausenden verwendet, um das Hautbild zu klären und den Alterungsprozess zu verlangsamen. Es wirkt beruhigend, kühlend, bei unreiner Haut auch entzündungshemmend und eignet sich vor allem für trockene, sensible und reife Haut.

KONSISTENZGEBER

Bisher hatten wir es nur mit flüssigen Inhaltsstoffen zu tun. Kommen wir jetzt also zu den Konsistenzgebern, die unsere Balms, Cremes und Lotionen sozusagen »andicken«:

Bienenwachs als Stoffwechselprodukt der Honigbiene bildet einen zarten Schutzfilm, der vor Feuchtigkeitsverlust und Witterungseinflüssen schützt. Das ist besonders bei trockener, spröder oder gereizter Haut sehr angenehm. Veganer können Bienenwachs durch pflanzliche Stoffe ersetzen: Zur Auswahl stehen unter anderem Jojoba-, Beeren- oder Carnaubawachs.

Kakaobutter ist eine sehr harte Pflanzenbutter, besteht größtenteils aus ungesättigten Fettsäuren und enthält Vitamin E und K. Sie pflegt selbst überaus trockene, gereizte, rissige oder reife Haut zart und geschmeidig. Bei fettiger Haut sollte sie hingegen nur sparsam zum Einsatz kommen.

bleibt Persil

Mangobutter als vielseitiger Konsistenzgeber eignet sich für normale bis fettige Haut. Sie ist weicher als Kakaobutter, zieht gut ein, spendet Feuchtigkeit und macht die Haut seidig zart.

Sheabutter wird aus der Nuss des Karitébaums gewonnen. Sie dient als wunderbar pflegender Konsistenzgeber in Cremes und Lotionen, kann aber auch pur aufgetragen werden. Ihre schützende Wirkung hilft besonders bei trockener, schuppiger Haut und sogar bei Neurodermitis oder Schuppenflechte. Wählen Sie die naturbelassene, also nicht raffinierte Variante.

FEUCHTIGKEITSSPENDER

Hierfür verwenden wir hauptsächlich pflanzliches Glyzerin, Honig und Aloe-Vera-Gel.

Aloe Vera hilft der Haut nicht nur, Feuchtigkeit zu bewahren, sondern wirkt auch antibakteriell und kühlend. Sie repariert geschädigte Haut, lindert Schwellungen, reduziert Pigmentflecken und lässt Wirkstoffe besser in die Haut dringen.

Glyzerin ist ein Zuckeralkohol, der Wasser bindet und somit die Feuchtigkeit in den Zellen der Haut hält. Zudem wirkt er leicht konservierend, macht unsere Rezepte also länger haltbar. Verwenden Sie optimalerweise nur pflanzliches Bioglyzerin in einer Konzentration von 85 %.

Honig als Feuchtigkeitsspender kommt vor allem in frisch zubereiteten Pflegeprodukten wie Reinigungsmasken zum Einsatz. Veganer ersetzen ihn zu gleichen Teilen durch Glyzerin.

TONERDEN

Die feinen, mineralischen Puder bilden die perfekte Grundlage für Masken und zur Reinigung generell. Tonerden sind reich an Mineralstoffen, saugen überschüssiges Fett auf und wirken antibakteriell. Es gibt eine Vielzahl an Varianten: weiße Tonerde (Kaolin), grüne Tonerde, Bentonit, Rhassoul und viele mehr. Auch Heilerde ist eine großartige Basis für Reinigungsmasken, sieht aber aufgrund ihrer hellbraunen Farbe im fertigen Produkt nicht ganz so appetitlich aus.

FRISCHE ZUTATEN

Gerade hier sollten Sie auf Bioqualität achten! Ganz besonders gilt dies für tierische Produkte wie Honig und Joghurt. Nur saisonal verfügbares Obst wie Beeren können Sie prinzipiell auch aus der Tiefkühltruhe nehmen, doch denken Sie daran: Je frischer, desto besser. Das bedeutet allerdings auch, dass die Produkte möglichst aus der Region kommen sollten. Wenn das Obst unreif geerntet und vom anderen Ende der Welt angeliefert wurde, hat es auf dem Transport schon viel zu viele Nährstoffe verloren.

EMULGATOREN

Wenn wir in unseren Rezepten zwei nicht mischbare Stoffe wie Wasser und Pflanzenbutter bzw. Öl miteinander vermengen wollen, so brauchen wir in manchen Fällen einen Emulgator. Im Handel ist eine schier unüberschaubare Auswahl dieser Produkte erhältlich. Der Einfachheit halber habe ich mich in meinen Rezepten nur auf die pflanzlichen Emulgatoren Lysolecithin und Lamecreme konzentriert, weil sie vielseitig einsetzbar und einfach zu handhaben sind.

Lamecreme ist ein wachsartiger pflanzlicher Emulgator, der Feuchtigkeit bindet und ein geschmeidiges Hautgefühl hinterlässt. Im Endprodukt kann die Konzentration zwischen 5 und 10 % betragen. Dieser Emulgator eignet sich besonders gut für reichhaltigere Cremes.

Lysolecithin, ein dickflüssiger pflanzlicher Emulgator, kann in Badeölen bis zu einer Konzentration von 10 % , in Cremes bis zu 5 % vom Produktvolumen eingesetzt werden.

TENSIDE UND GELBILDNER

Zur Herstellung von Duschgelen benötigen wir waschaktive Substanzen und Gelbildner, die der Basisflüssigkeit die richtige Konsistenz verleihen. Auch hier habe ich ausschließlich unbedenkliche natürliche Produkte wie Xanthan transparent und Plantapon ausgewählt, um Ihre Pflegeprodukte so rein wie möglich zu halten:

Tonerden sind reich an Mineralstoffen, wirken antibakteriell und klären die Haut.

Tonerden sind die perfekte Basis für Reinigungsmasken!

Plantapon ist eine Waschsubstanz aus natürlichen Rohstoffen, darunter auch Palmkern-, Kokos- und Maiskeimöl. Es schäumt gut, trocknet nicht aus und hinterlässt ein weiches Gefühl.
Xanthan transparent wird von natürlichen Mikroorganismen aus zuckerhaltigen Stoffen produziert. Aufgrund seiner feuchtigkeitsbindenden Eigenschaften ist dieser Gelbildner zur Herstellung von Hautpflege besonders geeignet.

KONSERVIERUNGSSTOFFE

Wie bereits beschrieben, gelten diese als eines der größten Übel in der konventionellen Kosmetik. Doch das bedeutet nicht, dass Konservierung an sich ein Gesundheitsrisiko darstellt, im Gegenteil! Manche Rezepturen, vor allem wenn sie frische Lebensmittel oder Wasser enthalten, müssen zwingend haltbar gemacht werden, um sie sicher anwenden zu können. Ein sorgsam ausgewähltes und gut dosiertes Konservierungsmittel ist in jedem Fall gesundheitlich unbedenklicher als ein Pflegeprodukt, das von Keimen oder Schimmelpilzen befallen ist. Um so natürlich wie möglich zu bleiben, verwenden wir, wo nötig:
Alkohol, 95 %ig Bei passender Dosierung unterdrückt dieser zuverlässig das Keimwachstum, ohne die Hautverträglichkeit Ihrer Pflegeprodukte nennenswert zu beeinträchtigen.
Vitamin E Durch seine antioxidative Wirkung verlängert es die Haltbarkeit von Ölen.

BEVOR ES LOSGEHT

Was es sonst noch zu beachten gilt

Sie haben sich über die notwendigen Rohstoffe informiert und das für Ihren Hauttyp passende Starter-Kit besorgt? Dann brennen Sie sicher schon darauf, Ihre ersten Hautpflegeprodukte selbst herzustellen. Nur noch ein paar Tipps zu Equipment, Haltbarkeit und der richtigen Aufbewahrung, und schon können Sie loslegen.

HALTBARKEIT

Wenn es um die Haltbarkeit Ihrer selbst gemachten Skincare geht, betrachten Sie diese in erster Linie wie ein Lebensmittel. Denn genau das ist sie auch: Nahrung für Ihre Haut. Je mehr frische Zutaten in einem Pflegeartikel stecken, desto schneller müssen Sie diesen verbrauchen. Generell entspricht die Haltbarkeit des Produkts dem des Inhaltsstoffs, der am ehesten verdirbt. Wenn Sie also ein Öl mit einem Hydrolat vermischen, gilt das Haltbarkeitsdatum des Hydrolats, da dieses meist instabiler ist. Fügen Sie dem Öl dagegen eine frische Zutat wie Joghurt zu, so ist dessen Verfallsdatum maßgeblich.

AUF DIE ZUTATEN KOMMT ES AN

Darum Augen auf beim Kauf! Achten Sie darauf, dass Ihre Rohstoffe möglichst noch monatelang haltbar sind. Hinsichtlich der Lagerung gilt:

- Da sich gerade kalt gepresste Öle unter dem Einfluss von Licht und Sauerstoff sehr rasch verändern, sind hier Artikel in dunklen Flaschen zu bevorzugen. Wählen Sie zudem eher kleinere Mengen, die sich schneller verbrauchen lassen. Ist in Ihrem Kühlschrank nicht genügend Platz, sollten Sie angebrochene Flaschen an einem kühlen, lichtgeschützten Ort aufbewahren.
- Gleiches gilt auch für die Hydrolate. Verwenden Sie diese pur als Toner, versehen Sie deren Flaschen am besten noch mit einem Sprühkopf. So gelangt nach dem Öffnen deutlich weniger Sauerstoff hinein. Manche Hersteller fügen den Hydrolaten zur besseren Konservierung Alkohol bis zu einem Anteil von 12 % hinzu. Dies ist nicht unbedingt von Nachteil, da hierdurch zugleich die Haltbarkeit des Endprodukts verlängert wird (→ Seite 28). Allerdings kann Alkohol sensible Haut wie auch Babyhaut reizen und austrocknen. Wollen Sie darum nur native Präparate ohne Alkoholzusatz verwenden, so sollten Sie diese innerhalb von sechs Wochen nach dem Öffnen der Flasche komplett verbraucht haben. Kaufen Sie somit auch hier nur geringe Mengen.
- Pulvrige Ausgangsstoffe wie Tonerden, Vitamin E oder Ähnliches bewahren Sie am besten in fest verschließbaren Behältern auf und verstauen diese an einen trockenen, kühlen und gut durchlüfteten Ort.

BEST BEFORE

Wie bereits erwähnt, hängt die Haltbarkeit Ihrer Skincare in erster Linie von den verwendeten Zutaten ab. Produkte, denen Sie wie beispielsweise bei Masken frische Lebensmittel zugeben, können Sie maximal eine Woche im Kühlschrank aufbewahren. Solche, die zu einem bestimmten Anteil Wasser enthalten, sind bei gekühlter Aufbewahrung immerhin schon zwei Wochen haltbar. Rezepturen, die nur aus Pflanzenölen und Buttern bestehen, sind dagegen bis zu einem Jahr lang anwendbar. Allerdings können die darin enthaltenen Öle mit der Zeit ranzig werden. Zur Stabilisation größerer Mengen verwenden wir darum das Antioxidans Vitamin E. Wasserhaltige Produkte lassen sich auf natürlicher Basis am besten mithilfe von Alkohol konservieren (→ Seite 31). Wer jedoch extrem empfindliche Haut hat und darum gänzlich auf Alkohol verzichten will, für den empfiehlt es sich, entsprechend kleinere Mengen anzurühren. Eine weitere Möglichkeit besteht darin, nur einen Teil der Creme oder Lotion in einen Tiegel abzufüllen. Die restliche Menge können Sie dann in kleineren Portionen einfrieren und bei Bedarf ganz einfach wieder auftauen.

HYGIENE

Nicht zuletzt wird die Haltbarkeit Ihrer Hautpflege auch durch die hygienischen Bedingungen bei der Herstellung bestimmt. Je gründlicher Sie Arbeitsplatz und Equipment reinigen, desto länger sind die Produkte verwendbar:

- Befüllen Sie eine kleine Sprühflasche mit Weingeist, und sprühen Sie damit Ihr Equipment und die Arbeitsfläche sorgfältig ein. Nach einer Minute Einwirkungszeit wischen Sie mit einem Stück Küchenrolle nach, dann können Sie loslegen.
- Schwenken Sie Tiegel und Flaschen mit kochendem Wasser oder mit Weingeist aus, bevor Sie diese mit Ihren Produkten befüllen; so reduzieren Sie die Keime in den Behältern!
- Bevor Sie mit dem Anrühren beginnen, die Hände gründlich waschen und abtrocknen!
- Zudem können Sie die Haltbarkeit Ihrer Skincare verlängern, indem Sie diese mit einem kleinen Löffel oder Spatel aus dem Tiegel entnehmen oder auch Pumpspender verwenden. Sobald Sie mit den Fingern in die Creme gehen, übertragen Sie die Keime Ihrer Haut auf das Produkt. Das gilt übrigens nicht nur für selbst hergestellte, sondern auch für gekaufte Artikel.

TIPP

GENAU PRÜFEN

Bei den Rezepten in diesem Buch ist immer genau angegeben, wie lange die jeweilige Skincare haltbar ist. Doch generell gilt: Sobald Sie bemerken, dass sich die Konsistenz und vor allem der Geruch Ihres Produkts mit der Zeit verändern, so sollten Sie dieses besser entsorgen!

Entnehmen Sie die Creme mit einem Spatel, so bleibt sie länger haltbar.

TÖPFE

Öle erwärmen wir schonend im Wasserbad. Stellen Sie dazu zwei Töpfe unterschiedlicher Größe auf dem Herd ineinander.

MÖRSER

In einem Mörser aus Keramik oder Stein zerstoßen Sie frische oder getrocknete Kräuter und Haferflocken zu feinem Pulver.

REIBE

Ingwer, Zitrusschalen und Konsistenzgeber wie Bienenwachs oder Kakaobutter lassen sich mit einer Haushaltsreibe fein raspeln.

DAS HANDWERKSZEUG

Die meisten der zur Herstellung von Kosmetika benötigten Gegenstände gehören bestimmt schon zu Ihrer Küchenausstattung. Noch fehlende Dinge können Sie in jeder gut sortierten Haushaltswarenabteilung im Kaufhaus oder über das Internet beziehen (→ Seite 126):

- **Zwei kleine Töpfe und eine hitzefeste Schüssel.** Wir schmelzen unsere pflanzlichen Konsistenzgeber so schonend wie möglich, idealerweise im Wasserbad. Dazu brauchen Sie nichts weiter als eine hitzefeste Schüssel, die Sie über einen Topf mit kochendem Wasser stellen. Alternativ nehmen Sie einen größeren und einen kleineren Topf und stapeln sie übereinander. Auch hier darf der kleinere Topf auf keinen Fall den Boden des größeren berühren.
- **Messbecher und digitale Küchenwaage.** Milliliter- und Grammangaben sollten Sie so genau wie möglich befolgen, damit Ihre Produkte die gewünschte Konsistenz erhalten.
- **Verschiedene Messlöffel.** In den Rezepten sind die benötigten Mengen oftmals in Ess- oder Teelöffeln angegeben. Wollen Sie sichergehen, dass Sie auch wirklich das korrekte Quantum verwenden, so ist die Anschaffung eines kleinen Messlöffelsets empfehlenswert.
- **Küchenthermometer.** Öle und Pflanzenbuttern sollten Sie nicht auf mehr als 70 Grad erhitzen. Von daher lohnt es sich, die Temperatur mit einem Thermometer zu kontrollieren.
- **Pürierstab oder Küchenmaschine.** Unverzichtbare Helfer, um frische Zutaten für Masken oder ähnliche Produkte zu zerkleinern.
- **Elektrischer Milchschäumer.** Selbstverständlich können Sie Ihre Cremes und Lotionen auch von Hand anrühren. Doch mithilfe eines Milchschäumers wird die Konsistenz noch feiner und »fluffiger«. Aufgrund der hohen Scherkräfte benötigen wir außerdem weniger Emulgatoren. Noch stabiler gelingt eine Emulsion, wenn Sie stattdessen einen Pürierstab verwenden. Dieser bringt weniger Luft in das Produkt ein.
- **Diverse Rührlöffel und Rührschüsseln.** Verwenden Sie Produkte aus Metall oder Keramik. Diese lassen sich leichter reinigen und sind damit hygienischer als solche aus Holz.
- **Ein feinmaschiges Sieb.** Erweist sich als überaus hilfreich, um trockene Zutaten wie Natron und Mineralerde miteinander zu mischen.
- **Ein kleiner Trichter.** Damit können Sie Flüssigkeiten in kleine Flaschen umfüllen.
- **Mörser.** Hierin lassen sich Kräuter und trockene Zutaten zu feinem Pulver zerreiben.
- **Eine feine Haushaltsreibe.** Diese brauchen Sie für Zitruszesten und um Ingwer zu reiben.
- **Kleine Silikonförmchen.** Eiswürfel-, Pralinen- oder kleine Muffinförmchen sind genau richtig für die Herstellung von Badepralinen, Massagebars und Fizzy Herbal Tabs.

Getönte Flaschen schützen vor Oxidation und machen Öle länger haltbar. Bei durchsichtigem Glas können Sie jedoch besser erkennen, ob sich das Produkt verändert hat. Dann einfach lichtgeschützt aufbewahren.

Stöbern Sie auf dem Flohmarkt nach dekorativen Tiegeln und Flaschen für Ihre Produkte. Ansonsten gibt es auch im Internet verlockende Angebote.

ECHT STYLISH!

Sie haben viel Sorgfalt auf die richtige Auswahl der Zutaten und die Zubereitung Ihrer Skincare verwendet? Dann sollten Sie diese zum Abschluss auch ansprechend verpacken. Prinzipiell sind Ihrer Fantasie hierbei keinerlei Grenzen gesetzt. Darum – werden Sie kreativ, und entwickeln Sie Ihr eigenes, individuell abgestimmtes Design! In der richtigen Aufmachung wirken sich Ihre Pflegeprodukte nicht nur positiv auf Ihre Haut, sondern auch auf Ihre Stimmung aus. Und wer weiß – als originelle Geschenkidee können Ihre Erzeugnisse vielleicht auch Freunde und Bekannte von den Vorzügen der Naturkosmetik überzeugen! Hinsichtlich des Verpackungsmaterials gibt es jedoch Folgendes zu beachten:

- Wie bereits erwähnt, schützen getönte Flaschen lichtempfindliche Inhaltsstoffe. Allerdings können Sie bei weißem Glas besser einschätzen, ob sich die Konsistenz Ihres Pflegeprodukts verändert hat. Falls Sie Ihre Skincare ohnehin an einem lichtgeschützten Ort aufbewahren, kann die Verwendung durchsichtiger Flaschen also durchaus von Vorteil sein.
- Verwenden Sie besser keine Plastikbehälter. Diese geben unter Umständen schädliche Chemikalien wie Weichmacher in Ihre Produkte ab und sehen nicht halb so schön aus! Außerdem lassen sich viele Behälter nicht ausreichend heiß ausspülen oder gar auskochen, weshalb sie im Gegensatz zu Artikeln aus Glas schlecht wiederverwendbar sind. Ersparen Sie nicht nur sich, sondern auch der Umwelt zusätzliche Giftstoffe, die aus unnötigem Verpackungsmüll resultieren.

Je nach Art und Konsistenz des Pflegeprodukts haben sich folgende Standards bewährt:

- Scrubs und Cremes lassen sich prima in kleinen Einmachgläsern aufbewahren.
- Für Öle eignen sich Flaschen mit engem Hals und Korken, bei Verwendung von Pumpspendern verlängert sich zudem die Haltbarkeit.
- Nur ein paar Tropfen genügen! Darum füllen Sie ein Serum am besten in eine kleine Flasche mit Pipettenaufsatz ab.
- Trocken aufbewahrt, sind Badepralinen, Massagebars und Fizzy Herbal Tabs lange haltbar. Damit sich kein Staub auf den Produkten absetzt, geben Sie diese idealerweise in eine hübsche Schachtel oder Papiertüte.

ZU GUTER LETZT

Naturkosmetik bedeutet nicht automatisch, dass alle enthaltenen Inhaltsstoffe für jeden Menschen geeignet sind. Wie bei Pollen, Obst oder anderen frischen Lebensmitteln können auch hier Unverträglichkeiten auftreten. Mit einem **Allergietest** sind Sie auf der sicheren Seite:

- Tragen Sie dazu eine kleine Menge des fertigen Produkts in der Ellenbeuge auf, hier ist die Haut besonders zart und empfindlich. Bleiben auch nach 24 Stunden Rötungen, Juckreiz oder Ausschlag aus, vertragen Sie das Präparat.
- Bei extrem sensiblen Hauttypen und Allergikern ist es sinnvoll, noch vor dem Anrühren jeden Inhaltsstoff der Rezeptur in der Ellenbeuge zu testen und dann 24 Stunden abzuwarten, ob sich eine der oben genannten Reaktionen zeigt.
- Ätherische Öle sollten Sie nie direkt auf die Haut auftragen. Verdünnen Sie diese, indem Sie zu einem Tropfen zwei Esslöffel Basisöl geben.

Die

Rezepte

So vielseitig kann Naturkosmetik sein! Nachfolgend finden Sie Rezepturen für das Gesicht und den Körper, zur Reinigung und zur Pflege, für Schwangere und Babys. Dazu Tipps und Anregungen, wie Sie Ihre Haut von innen entgiften und Ihrem Körper zu Entspannung und wohltuendem Schlaf verhelfen können.

FÜR DAS GESICHT

Zeigen Sie Ihr wahres Gesicht – und das von seiner schönsten Seite!

Das Gesicht ist unsere Visitenkarte. Dabei gilt ein strahlender Teint als Zeichen besonderer Attraktivität. Nehmen Sie Ihr Umfeld durch Ihre Ausstrahlung gefangen! Auch wenn wahre Schönheit ja bekanntlich von innen kommt, können wir unser Erscheinungsbild mit individuell abgestimmter Gesichtspflege maßgeblich beeinflussen.

Aber auch hier gilt: Weniger ist mehr! Je mehr Sie Ihre Haut mit Kosmetika überpflegen, desto schwerer kann sie die eigene Balance halten. Reduzieren Sie Ihre Gesichtspflege auf das, was wirklich wichtig ist. Sie werden staunen, wie sehr die richtige Pflege Ihr Hautbild verfeinert!

STRAHLEND SAUBER

Basis der perfekten Gesichtspflege ist eine gründliche Reinigung. Unsere Haut erneuert sich täglich, frische Zellen wandern an die Oberfläche, und die alten Zellen sterben ab. Wenn Sie diese abgestorbenen Hautschüppchen nicht regelmäßig abtragen, blockieren sie die Poren. Das kann zu Unreinheiten und stumpfer, fahler Haut führen. Hinzu kommt, dass bei Verhornungen die hochwertigen pflanzlichen Wirkstoffe der Pflegeprodukte nicht in die Haut eindringen können. Stattdessen verbleiben sie auf der Oberfläche und verstopfen die Poren sogar noch zusätzlich.

Erst die Reinigung, dann die Pflege.

Ein guter Reiniger sollte deshalb in erster Linie Talg, Schmutz und abgestorbene Hautschuppen sanft entfernen, ohne dabei jedoch den sensiblen Säureschutzmantel der Haut anzugreifen. Sanfte Reinigung bedeutet allerdings nicht, dass sie nicht gründlich sein müsste: Abends, wenn Make-up, Talg und Schmutz unsere Haut bedecken, reinigen wir insgesamt zweimal. So entfernen wir nicht nur den oberflächlichen Schmutz, sondern gehen tief in die Poren.

Über Nacht entgiftet die Haut, regeneriert sich und produziert weiter Talg. Darum sollten Sie Ihr Gesicht unbedingt auch morgens mild reinigen, um die Stoffe zu entfernen, die über Nacht an die Hautoberfläche gelangt sind.

GESICHTSMASSAGE

Nehmen Sie sich nach der Reinigung am Abend ein paar Minuten Zeit, um ein Ölserum sanft einzumassieren. Das strafft die Gesichtsmuskeln, verbessert die Durchblutung und versorgt die Haut mit Sauerstoff. Sie werden sofort merken, dass sie frischer und jünger aussehen. Hier die Massageanleitung für einen rosigen Glow:

- Verteilen Sie ein paar Tropfen Öl in Ihren Händen. Streichen Sie dann mehrmals mit der gesamten Handfläche vom Hals hoch über die Wangen und Schläfen bis zum Haaransatz. Tun Sie dies immer von unten nach oben – niemals in entgegengesetzter Richtung. Achten Sie darauf, nicht zu fest zu ziehen oder zu rupfen, um die empfindliche Gesichtshaut nicht zu reizen.
- Benützen Sie nun Ihre Fingerspitzen und massieren Sie in kleinen, kreisenden Bewegungen Ihr gesamtes Gesicht: Wangen, Kinn, Nase und vor allem die Stirn. Sie sollten das Gefühl haben, dass Sie nicht an Ihrer Haut ziehen, sondern die Muskeln unter der Haut lockern.
- Fahren Sie mit den Zeigefingern direkt über den Augenbrauen die Stirn entlang, von der Nasenwurzel bis zum äußeren Augenbrauenrand. So lassen sich Zornesfalten mildern.
- Kreisen Sie mit beiden Ringfingern mehrmals um beide Augen – allerdings nur entlang der Augenhöhle. Beginnen Sie an der Nasenwurzel, fahren Sie direkt unter der Augenbraue entlang über die Wangenknochen zurück bis zur Nase. Massieren Sie niemals die Augenlider selbst, die Haut ist hier zu zart und empfindlich.
- Abschließend fahren Sie mit den Ringfingern in kleinen, kreisenden Bewegungen rund um Ihren Mund. Das hält die Haut elastisch.

IM WECHSEL DER JAHRESZEITEN

Während der kalten Wintermonate ist die Haut stark beansprucht, der Wechsel von Heizungsluft und eisiger Kälte kann sie stumpf und trocken werden lassen. Deshalb ist es wichtig, die Haut mindestens einmal pro Woche zu exfolieren, also von abgestorbenen Hautschüppchen zu befreien. Fühlt sie sich zudem sehr trocken und gespannt an, so steigen Sie auf Oil Cleansing um und fügen Ihrer normalen Tagespflege bei jeder Anwendung einen Tropfen Wildrosenöl hinzu. Dampfbäder und viel Trinken lassen die Haut trotz Minusgraden wieder strahlen..

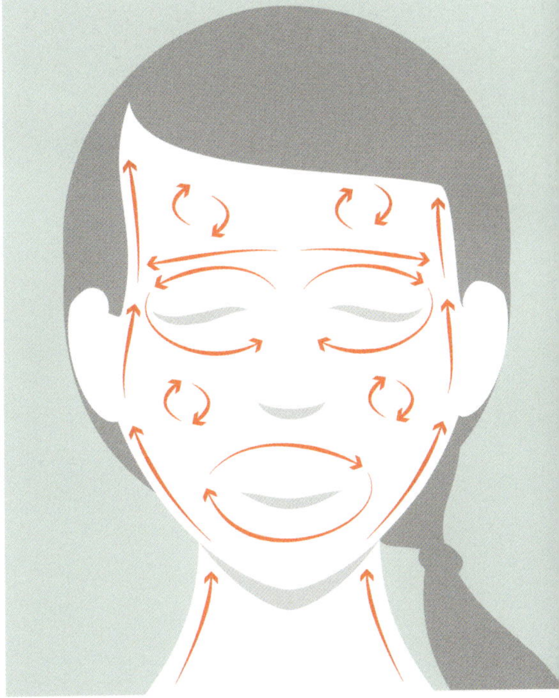

Faltenlos ohne Botox: Gönnen Sie Ihren Gesichtsmuskeln regelmäßig Entspannung. Zudem fördert eine Massage die Durchblutung Ihrer Haut und versorgt sie mit mehr Sauerstoff. Das fördert die Zellregeneration!

Im Sommer produziert die Haut mehr Talg und schwitzt. Die Poren verstopfen leichter. Verwenden Sie also eine leichtere Creme oder auch nur ein Serum, dazu guten Sonnenschutz, um der Faltenbildung durch UV-Strahlung und hartnäckigen Pigmentflecken vorzubeugen.

Sonneneinstrahlung und Hitze strapazieren auch Ihre Haare. Hier kann etwas Kokosöl helfen. Einfach vor dem Waschen in Kopfhaut und Haare einmassieren, dann gründlich ausspülen.

GENTLE OIL CLEANSER

milder Reiniger auf Ölbasis

Sie glauben, unreine oder fettige Haut könne man nur mit starken Tensiden bekämpfen? Ganz im Gegenteil: Die Haut produziert dann zu ihrem Schutz verstärkt Fett nach. Die Oil Cleansing Method (OCM) steuert diesem Effekt entgegen. Öl löst Talg auf und reinigt verstopfte Poren. Dieser Cleanser gleicht zudem trockene und verhornte Haut aus, die zu Unterlagerungen neigt. Auch wenn die OCM Ihnen erst ungewohnt erscheint: Bleiben Sie einen Monat lang dabei, um der Haut Gelegenheit zu geben, sich auf die neue Pflegemethode umzustellen.

Zutaten für 100 ml:

NORMALE HAUT ODER MISCHHAUT:

80 ml Sonnenblumen-, Traubenkern- oder Mandelöl

20 ml Rizinusöl

5 ml (1 TL) Vitamin E

3 Tropfen ätherisches Öl, z. B. von Geranie, Kamille Rose, Weihrauch, Lavendel

FETTIGE UND UNREINE HAUT:

70 ml Distel-, Traubenkern- oder Hanföl

30 ml Rizinusöl

5 ml (1 TL) Vitamin E

3 Tropfen ätherisches Öl, z. B. von Pfefferminze, Teebaum, Rosmarin

TROCKENE UND REIFE HAUT:

90 ml Aprikosenkernöl

10 ml Rizinusöl

5 ml (1 TL) Vitamin E

3 Tropfen ätherisches Öl, z. B. von Geranie, Kamille Rose, Weihrauch, Lavendel

Zubereitung:

Die Zubereitung ist wirklich kinderleicht!

1. Basisöl, Rizinusöl, Vitamin E und, falls gewünscht, die ätherischen Öle in einer Schüssel verrühren.
2. Alles mit einem kleinen Trichter in eine sterilisierte Flasche abfüllen. Am besten verwendet man hier einen Pumpspender, damit das Öl nicht immer wieder mit der Haut oder Wasser in Kontakt kommt.

Anwendung & Haltbarkeit:

- Etwas Ölmischung in den Händen verteilen und mindestens eine Minute lang auf dem nicht vorgereinigten Gesicht einmassieren. Das fördert die Durchblutung und lässt den Teint gleichmäßig strahlen.
- Dann einen Waschlappen – idealerweise Mikrofaser – mit sehr warmem Wasser tränken, etwa zehn Sekunden auf das Gesicht pressen und anschließend das Öl sorgfältig damit abwischen. Sollte sich Ihr Gesicht nach der Ölreinigung nicht weich und gut gepflegt anfühlen, sondern spannen, geben Sie dem Cleanser besser kein Rizinusöl hinzu.
- Die Haltbarkeit beträgt circa sechs Monate.

TIPP

AUCH ZUM ABSCHMINKEN

Mit diesem Cleanser lässt sich selbst wasserfestes Augen-Make-up entfernen! Dann aber keine ätherischen Öle zugeben, da diese Irritationen auslösen könnten.

1. Die Öle in einem Gefäß mischen.
2. Mit einem Trichter in die Flasche füllen.

Der perfekte Abschluss einer gründlichen Reinigung! Zu hartes Wasser hinterlässt auf der Haut einen Kalkfilm, der austrocknend wirkt. Das Gesichtswasser entfernt diesen und Reste des Reinigers, Ihre Haut wird so porentief rein. Aloe Vera beruhigt und wirkt entzündungshemmend, Glyzerin spendet Feuchtigkeit. Wenn Sie nun noch das Hydrolat passend zu Ihrem Hauttyp wählen, ist Ihr Gesicht nach Anwendung dieses Toners bestens für die weitere Pflege vorbereitet.

HERBAL TONER

reinigend und tonisierend

Zutaten für ca. 100 ml Toner:

FÜR NORMALE, REIFE UND MISCHHAUT:

90 ml Orangenblütenwasser

10 ml (2 TL) Aloe-Vera-Gel

5 ml (1 TL) pflanzliches Glyzerin

FÜR FETTIGE UND UNREINE HAUT:

90 ml Pfefferminz-, Salbei- oder Hamameliswasser

10 ml (2 TL) Aloe-Vera-Gel

5 ml (1 TL) pflanzliches Glyzerin

FÜR TROCKENE UND REIFE HAUT:

90 ml Rosenblütenwasser

10 ml (2 TL) Aloe-Vera-Gel

5 ml (1 TL) pflanzliches Glyzerin

Zubereitung:

Alle Zutaten in eine Flasche füllen und durchschütteln.

Anwendung & Haltbarkeit:

- Einige Tropfen des Gesichtswassers auf ein Wattepad geben und damit über das gereinigte Gesicht wischen. Wenn Sie nach dem Auftragen das Gefühl haben, dass die Haut zu sehr spannt, können Sie den Anteil an Glyzerin auch verdoppeln.
- Der Herbal Toner ist etwa drei Monate haltbar.

WISSEN

DAS RICHTIGE HYDROLAT

Orangenblütenwasser zieht die Poren zusammen, wirkt entzündungshemmend und regenerierend. Pfefferminz-, Salbei und Hamameliswasser haben eine desinfizierende, adstringierende Wirkung. Rosenblütenwasser ist hautpflegend, regenerierend und tonisierend. Zudem duftet es einfach herrlich!

Hydrolat, Aloe-Vera-Gel und Glyzerin in eine Flasche füllen und gut schütteln, bis sich die Flüssigkeiten miteinander vermischt haben.

Abschminken leicht gemacht: Mit diesem natürlichen Produkt entfernen Sie Lidschatten und Mascara, ohne die empfindliche Haut um die Augenpartie zu stark zu beanspruchen. Aprikosenkernöl und Rosenblütenwasser regenerieren und pflegen, Vitamin E schützt zusätzlich vor Hautalterung. Damit haben Sie die zarte Haut nicht nur abgeschminkt, sondern zugleich gepflegt – für einen strahlenden Augenaufschlag am nächsten Morgen!

BRIGHT EYES

Augen-Make-up-Entferner

Zutaten für circa 50 ml:

25 ml Aprikosenkernöl

25 ml Rosenblütenwasser

2,5 ml (½ TL) Vitamin E

Zubereitung:

Das Aprikosenkernöl, Rosenblütenwasser und das Vitamin E über einen kleinen Trichter in eine sterilisierte Flasche füllen.

Anwendung & Haltbarkeit:

- Da sich das Rosenblütenwasser nicht mit dem Öl mischen lässt, sollten Sie die Flasche vor jeder Anwendung kräftig schütteln.
- Geben Sie dann ein paar Tropfen der Emulsion auf ein Wattepad, und nehmen Sie das Make-up sanft und ohne fest zu reiben ab. Achten Sie darauf, alle Überreste sorgfältig zu entfernen.
- Das Produkt ist circa drei Monate haltbar.

TIPP

AUGENPFLEGE

Die Haut der Augenpartie ist ungefähr zehnmal dünner als die an den Wangen. Kein Wunder also, dass sie so sanft wie möglich behandelt werden will. Das beginnt schon beim Abschminken:

- Legen Sie das mit Bright Eyes Augen-Make-up-Entferner getränkte Wattepad für circa zehn Sekunden auf beide Augen, um die Schminke etwas zu lösen.
- Fahren Sie dann sanft über Lid und Wimpern, bis auch die letzten Make-up-Reste entfernt sind.
- Nach gründlicher Reinigung folgt die Pflege. Da die Haut in der Augenregion keine Schweiß- und Talgdrüsen aufweist, sind hier vor allem feuchtigkeitsspendende Produkte gefragt (→ Seite 66). Auch dabei gilt: Nicht einmassieren, sondern sanft auftupfen.
- Für den Massageeffekt können Sie sorgen, indem Sie die Augenpartie zum Abschluss vorsichtig mit den Fingern beklopfen. Das regt die Durchblutung an!

Wer sich mit dem Gedanken an eine reine Ölreinigung nicht anfreunden kann, versucht diese Waschpaste! Haferkleie beruhigt die Haut und hält sie geschmeidig, fein geriebene Mandeln und Amaranth exfolieren sanft, während die Tonerde Schmutz tief aus den Poren zieht. Dank des Kokosöls trocknet die Haut nicht aus, und da das Wasser erst bei der Gesichtswäsche hinzukommt, können wir auf Emulgatoren und Konservierungsstoffe verzichten.

GENTLE CLEANSING

sanfte Reinigungspaste

Zutaten für circa 80 g:

3 EL Haferkleie oder Haferflocken
1 EL fein geriebene Mandeln
1 EL rote Tonerde
1 TL Maca-Pulver
1 TL Amaranth
4 TL Kokosöl

ÄTHERISCHE ÖLE, OPTIONAL:

5 Tropfen Mandarine rot
1 Tropfen Lavendel

Zubereitung:

1. Alle trockenen Zutaten in einer kleinen Schüssel vermischen. Wenn Sie keine Kleie, sondern ganze Haferflocken verwenden, zerstoßen Sie diese vorher in einem Mörser, bis die Flocken pudrig sind.
2. Das Kokosöl und nach Belieben auch die ätherischen Öle mit der trockenen Mischung verrühren.
3. Alles in einen Tiegel abfüllen.

Anwendung & Haltbarkeit:

- Verreiben Sie eine etwa haselnussgroße Menge der Paste mit einem Schuss Wasser so lange fest zwischen Ihren Handflächen, bis eine cremige Konsistenz entsteht. Dann sanft auf dem Gesicht einmassieren.
- Mit lauwarmem Wasser gründlich abwaschen.
- Das Produkt ist drei Monate haltbar, sofern Sie darauf achten, dass bei Anwendung kein Wasser in den Tiegel kommt. Am besten entnehmen Sie die Paste mit einem kleinen Löffel oder Spatel.

WISSEN

MACA

Zusammen mit roter Tonerde verwenden wir in diesem Scrub das vitaminreiche Maca-Pulver als Konsistenzgeber. Diese knollige Wurzel eines Kressegewächses aus Peru wird von den Andenvölkern schon seit Jahrtausenden für ihren hohen Nährwert geschätzt. Ungesättigte Fettsäuren, über 30 Mineralien und Spurenelemente, Vitamin A, B, C und E, Kalzium, Magnesium, Zink und Eisen machen sie zu einer Nähr- und Vitalstoffbombe. Beginnen Sie Ihren Tag am besten schon mit diesem Superfood! Für einen Power-Frühstücksshake geben Sie einfach eine Banane, eine Handvoll Blaubeeren und einen Teelöffel Maca zu 250 ml Mandelmilch in den Mixer. Alles pürieren – fertig ist der perfekte Start in den Tag!

1. Die trockenen Zutaten in eine Schüssel geben und vermengen, dann das Kokosöl gut unterrühren.
2. Optional noch die ätherischen Öle zugeben, zuletzt die fertiggestellte Paste in ein Gefäß abfüllen.

1. Jojobaöl und Lamecreme in einen kleinen Topf schmelzen und auf 70 Grad erwärmen.
2. Das Hydrolat in gleicher Temperatur zum Öl gießen. Alles mit dem Milchschäumer aufschlagen.
3. Das fertige Produkt mit dem Spritzbeutel in eine Flasche mit Pumpspender abfüllen.

Für Haut, die zu Unreinheiten neigt, ist diese sanfte Reinigungscreme eine reine Wohltat. Jojobaöl spendet Feuchtigkeit und erzeugt lang anhaltenden Schutz, ohne einen fettigen Film auf der Haut zu hinterlassen. Hamameliswasser wie auch die Mischung aus ätherischen Ölen wirken entzündungshemmend und desinfizierend. Gleichzeitig ist die Cleansing Cream reichhaltig genug, um Ihre Haut nicht auszutrocknen.

CLEANSING CREAM

mild reinigend, ohne auszutrocknen

Zutaten für circa 100 ml:

70 ml Hamameliswasser

30 ml Jojobaöl

6 g Lamecreme (pflanzlicher Emulgator)

2,5 ml (½ TL) Vitamin E

ÄTHERISCHE ÖLE:

5 Tropfen Mandarine rot

5 Tropfen Geranie

2 Tropfen Weihrauch

OPTIONAL:

7 ml Alkohol, 95 %ig (Weingeist)

Zubereitung:

1. Jojobaöl und Lamecreme in einem kleinen Topf schmelzen und auf etwa 70 Grad erwärmen.
2. In einem zweiten Topf das Hamameliswasser auf die gleiche Temperatur bringen.
3. Jojobaöl und Lamecreme im Topf mit dem elektrischen Milchschäumer aufschlagen, dabei in einem gleichmäßigen, langsamen Strahl das Hamameliswasser zufügen. Etwa zwei bis drei Minuten rühren, bis die Creme weiß und dickflüssig wird.
4. Den Topf mit der Creme in eine Schüssel mit kaltem Wasser stellen und so lange rühren, bis die gewünschte Konsistenz erreicht und das Produkt abgekühlt ist. Dabei unbedingt den Kontakt mit Wasser vermeiden, da sonst die Haltbarkeit der Creme drastisch sinkt.
5. Die ätherischen Öle und das Vitamin E einrühren.
6. Die Creme mit einem Backspritzbeutel in den Pumpspender umfüllen. Alternativ genügt auch ein Frischhaltebeutel, von dem Sie unten eine kleine Ecke abschneiden. Die Creme muss unbedingt abgekühlt sein, da sich sonst im Pumpspender Kondenswasser bildet, das die Haltbarkeit verringern würde.

Anwendung & Haltbarkeit:

- Die Cleansing Cream auf dem nicht vorgereinigten Gesicht gründlich einmassieren, dann mit einem feuchten Waschlappen abnehmen.
- Hierauf mit dem Herbal Toner letzte Reste der Cleansing Cream abwischen und einen Moisturizer oder ein Serum auf die noch feuchte Haut auftragen.
- Die Creme innerhalb eines Monats aufbrauchen.
- Ist Ihre Haut weder trocken noch empfindlich, so können Sie das Hamameliswasser vor dem Erhitzen mit 7 ml Weingeist versetzen, das erhöht die Haltbarkeit Ihrer Cleansing Cream auf etwa drei Monate.

Sparen Sie sich den Besuch bei der Kosmetikerin, und machen Sie Ihr Facial einfach selbst! Die beste Grundlage dafür ist ein Gesichtsdampfbad mit diesen herrlich duftenden Kräutertabs, das öffnet die Poren und regt die Durchblutung an. Atmen Sie den Wasserdampf tief ein, die Öle pflegen nicht nur Ihre Haut, sondern lassen auch den Stress des Alltags von Ihnen abfallen. Gesichtsbehandlung und Aromatherapie in einem – wer hat behauptet, man könne nicht alles haben?

FIZZY HERBAL

Tabs

Zutaten für circa 10 Tabs:

12 EL Natron, z. B. Kaisernatron

6 EL Zitronensäurepulver

6 EL Pflanzenstärke, z. B. Pfeilwurzpulver oder Maisstärke

2 EL Alkohol, 40 %ig, z. B. neutraler Wodka oder Grappa

ÄTHERISCHE ÖLE:

10 Tropfen Orange

3 Tropfen Rosmarin

1 Tropfen Lavendel

OPTIONAL:

1 EL getrocknete Kräuter, Blüten oder Zitruszesten

1 MSP Kosmetik-Pigmente

EQUIPMENT:

kleine Silikonförmchen

Zubereitung:

1. Natron, Zitronensäure und Pflanzenstärke in eine Schüssel sieben. Die ätherischen Öle, evtl. auch Deko und Pigmente zugeben und gut untermengen.
2. Den Alkohol einträufeln und weiterrühren. Falls das Gemisch anfängt zu schäumen, sollten Sie den Alkohol noch langsamer hinzugeben. Dies gelingt dann am besten mithilfe einer Sprühflasche. Die Konsistenz ist genau richtig, wenn sich die Masse in kleine Kugeln pressen lässt, ohne auseinanderzufallen.
3. Die Silikonförmchen mit der Mischung befüllen und diese fest andrücken. Dann mit Frischhaltefolie und einem schweren Gegenstand abdecken.
4. Prüfen Sie ab und an, ob die Masse etwas aufgegangen ist. Falls ja, immer wieder fest in die Form drücken. Nach circa sechs Stunden sollten die Tabs ausgehärtet sein. Vorsichtig aus der Silikonform lösen und in einem trockenen Behälter aufbewahren.

Anwendung & Haltbarkeit:

- Gegebenenfalls das Make-up entfernen, dann das Gesicht gründlich reinigen.
- Geben Sie einen Fizzy Herbal Tab in eine große Schüssel mit dampfendem, aber nicht kochendem Wasser. Legen Sie ein Handtuch über Kopf und Schultern, und halten Sie Ihr Gesicht fünf Minuten lang über den Dampf. Inhalieren Sie die Düfte!
- Dann trocken tupfen, Reinigungsmaske auftragen.
- Die Fizzy Herbal Tabs sind ein Jahr haltbar.

1. Den Alkohol sehr langsam zu den trockenen Zutaten und ätherischen Ölen geben.

2. Die Mischung in kleine Silikonförmchen drücken und mit einem schweren Gegenstand abdecken. Nach etwa sechs Stunden sind die Tabs ausgehärtet und lassen sich vorsichtig aus der Form lösen.

Die perfekte Maske für fettige und unreine Haut! Grüne Tonerde und Bentonit ziehen Schmutz und Bakterien aus den Poren und regulieren die Talgproduktion. Frische Zutaten wie Petersilie, Rosmarin, Honig und Ingwer wirken antibakteriell, entzündungshemmend und machen die Mischung mit ihren entgiftenden Eigenschaften komplett.

CLARIFYING MASK

reinigend und desinfizierend

Zutaten für 3 Anwendungen:

30 g Petersilie, frisch oder tiefgekühlt

10 g Rosmarinnadeln, frisch oder getrocknet

2 EL Bentonit

1 EL grüne Tonerde

1 EL Traubenkernöl

1 TL Honig, vorzugsweise Manuka

1 TL frisch geriebener Ingwer

1 TL Zitronensaft

ÄTHERISCHE ÖLE:

Je 2 Tropfen Pfefferminze und Zitrone

Zubereitung:

1. Den Rosmarin mit etwas kochendem Wasser übergießen, sodass die Nadeln vollständig bedeckt sind. Zehn Minuten lang ziehen lassen, dann den Rosmarin herausnehmen und den Sud auskühlen lassen.
2. Unterdessen die Petersilie gut abwaschen, trocken tupfen und klein zupfen. Den Ingwer fein reiben.
3. Bentonit, Traubenkernöl und grüne Tonerde in einer Schüssel mit Honig verrühren, Petersilie, Zitronensaft und Ingwer hinzufügen.
4. Zuletzt mit 30 ml des Rosmarinsuds aufgießen, und alles mit dem Pürierstab verrühren, bis eine feine, cremige Paste entstanden ist. Falls die Maske noch zu flüssig ist, geben Sie etwas mehr grüne Tonerde hinzu.
5. Die ätherischen Öle zusetzen, alles noch einmal gut verrühren und in einen Tiegel abfüllen.

Anwendung & Haltbarkeit:

- Die Maske auf das vorgereinigte Gesicht auftragen und zehn Minuten einwirken lassen. Mit einem Waschlappen und lauwarmem Wasser abnehmen.
- Im Kühlschrank aufbewahrt, ist die Maske maximal eine Woche lang haltbar.

1. Rosmarin mit Wasser aufkochen, dann abkühlen lassen.
2. Den Sud und die restlichen Zutaten verrühren.

Diese Maske kühlt und beruhigt gerötete Haut. Zudem spendet sie sehr viel Feuchtigkeit – für Ihre Gesichtshaut das ideale Pflegeprogramm nach einem langen Tag in der Sommersonne! Da der Säuregrad der Gurke in etwa dem unserer Haut entspricht, greift die Maske deren empfindlichen Säureschutzmantel nicht an und wirkt somit besonders sanft.

MOISTURE MASK

kühlend und feuchtigkeitsspendend

Zutaten für drei Anwendungen:

35 g weiße Tonerde (Kaolin)

30 g Biogurke

1 EL Honig, vorzugsweise Manuka

1 EL Aprikosenkernöl, ersatzweise auch jedes andere gute Basisöl, das Sie zur Hand haben

1 TL Aloe-Vera-Gel oder Glyzerin

ÄTHERISCHE ÖLE, OPTIONAL:

3 Tropfen Mandarine

Zubereitung:

1. Die Gurke waschen und klein schneiden.
2. Die Stücke mit dem Aprikosenkernöl, Kaolin, Aloe-Vera-Gel und Honig in eine Schüssel geben. Alles mit dem Mixstab pürieren und in einen Tiegel füllen.

Anwendung & Haltbarkeit:

- Die Maske auf das vorgereinigte Gesicht und das Dekolleté auftragen, zehn Minuten einwirken lassen.
- Mit einem Waschlappen und lauwarmem Wasser abnehmen, dann Moisturizer oder Serum aufbringen.
- Die Maske ist im Kühlschrank maximal eine Woche lang haltbar.

WISSEN

MANUKA-HONIG

Besonders effektiv im Kampf gegen Bakterien und Viren ist der neuseeländische Manuka-Honig. Verletzungen und Verbrennungen (Sonnenbrand!) klingen schneller ab, Narben bilden sich weniger aus. Manuka ist kein Schnäppchen, aber die Investition lohnt sich! Sie finden ihn im Reformhaus, Biomarkt und im Internet. Achten Sie beim Kauf darauf, dass der Honig eine medizinisch hohe Wirkstoffkonzentration aufweist. Das erkennen Sie daran, dass er mit dem Wert MGO 250 oder höher ausgezeichnet ist.

Tonerde, klein geschnittene Gurke, Honig, Öl und Aloe-Vera-Gel in eine Schüssel geben und mit dem Pürierstab cremig rühren.

Eine intensiv klärende und straffende Maske voll zellregenerierender Pflanzen und Öle! Die Mineralerden wirken entgiftend, das grüne Matcha-Pulver liefert Antioxidantien, die freie Radikale unschädlich machen. Sesamöl schließlich hilft den Zellen, sich zu erneuern. Falls Ihnen die Zutaten in dieser Maske auf den ersten Blick sehr exotisch vorkommen, keine Sorge: Sie sind sehr einfach zu beschaffen (→ Seite 120 – 121)!

DETOXING MASK

klärend und zellregenerierend

Zutaten für drei Anwendungen:

1 EL Bentonit

1 EL grüne Tonerde

1 EL Matcha

1 EL Honig, vorzugsweise Manuka; Veganer verwenden ersatzweise die gleiche Menge Glyzerin

3-4 EL Sesamöl

2,5 ml (½ TL) Tropfen Vitamin E

ÄTHERISCHE ÖLE:

2 Tropfen Lavendel

1 Tropfen Wacholder

Zubereitung:

1. Alle trockenen Zutaten in eine Rührschüssel füllen.
2. Sesamöl, Honig, Vitamin E und die ätherischen Öle dazugeben und alles gut durchmischen.
3. Die fertige Maske in einen Tiegel abfüllen.

Anwendung & Haltbarkeit:

- Auf das vorgereinigte Gesicht auftragen und circa zehn Minuten einwirken lassen.
- Tränken Sie einen Waschlappen mit lauwarmem Wasser, und nehmen Sie die Maske damit ab.
- Im Kühlschrank aufbewahrt, können Sie das Produkt maximal eine Woche lang anwenden.

WISSEN

DETOX-POWERSTOFFE

Bentonit ist eine Tonmineralerde, die Schadstoffe wie Schwermetalle und andere Gifte an sich binden kann. **Grüne Tonerde** entstand, wie andere Tonerden auch, während der letzten Eiszeit: Gestein wurde durch Gletscher zu einem feinen Staub zermahlen, der sich tief unter der Erdoberfläche, fernab von schädlichen Umwelteinflüssen, abgelagert hat. Tonerde enthält keine Zusatzstoffe und zeichnet sich durch ihren hohen Gehalt an Mineralien und Spurenelementen aus. Sie wirkt wie ein Schwamm und nimmt Schmutz, überschüssiges Fett und abgestoßene Hautschüppchen auf – die Haut sieht somit klarer und rosiger aus. **Matcha** bezeichnet zu feinem Pulver zermahlenen Grüntee. Als wirksames Antioxidans schützt es die Zellen vor freien Radikalen, verbessert das Zellwachstum und hemmt die vorzeitige Hautalterung. **Wacholderbeerenöl** hat eine stark desinfizierende und entgiftende Wirkung. Es hilft bei fettiger oder unreiner Haut wie auch gegen Cellulite.

Regelmäßig angewendet wirkt diese reinigende und zellregenerierende Maske wahre Wunder bei fahler oder gestresster Haut. Vor allem dann, wenn man sie nicht selbst auftragen muss!

Die trockenen Zutaten gut vermengen, dann löffelweise Sesamöl zugeben.

Blaubeeren sind kleine Anti-Aging-Wunderwaffen, die nicht nur von innen, sondern auch von außen ihre Wirkung entfalten! Die in ihnen enthaltenen Antioxidantien bekämpfen die Zeichen der Hautalterung, Vitamin C kurbelt die Kollagenproduktion an und Phytoflavone halten als »pflanzliche Hormone« die Haut geschmeidig.

ANTIOXIDANT MASK

bekämpft Zeichen der Hautalterung

Zutaten für drei Anwendungen:

15 g Blaubeeren, frisch oder tiefgekühlt

2 EL Haferkleie oder fein gemahlene Haferflocken

2 EL weiße Tonerde

1 EL Basisöl, vorzugsweise Traubenkernöl

1 TL Fenchelsamen oder ein Beutel Fencheltee

1 TL Honig, als vegane Alternative Glyzerin

Zubereitung:

1. Fenchelsamen mit dem Mörser zerstoßen. Diese oder den Teebeutel in eine Tasse geben, mit etwas heißem Wasser übergießen und zehn Minuten ziehen lassen. Samen ggf. absieben, den Sud abkühlen lassen.
2. Sofern Sie Haferflocken statt Haferkleie verwenden, vermahlen Sie diese im Mörser zu feinem Puder.
3. Sämtliche Zutaten in eine Schüssel geben, den Fenchelsud zugießen und alles mit dem Mixer pürieren.

Anwendung & Haltbarkeit:

- Die Maske auf die gereinigte Haut auftragen und zehn Minuten einziehen lassen. Dann mit einem Waschlappen und lauwarmem Wasser abnehmen.
- Die Maske im Kühlschrank aufbewahren und innerhalb von einer Woche aufbrauchen.

WISSEN

HAUTALTERUNG

Bereits ab dem 25. bis 30. Lebensjahr beginnt unsere Haut zu altern, die Regenerationsfähigkeit der Zellen nimmt ab. Die Auswirkungen machen sich besonders in der Lederhaut (→ Seite 16) bemerkbar. Hier werden nun weniger Kollagen und Elastin gebildet, die Haut verliert an Straffheit und Dehnbarkeit und kann zunehmend weniger Feuchtigkeit binden. Bei gleichzeitig sinkender Talgproduktion wirkt die Haut ohne entsprechende Pflege trocken und rau. Beginn und Fortschreiten der Hautalterung sind genetisch festgelegt, können aber durch viele äußere Faktoren beschleunigt werden. Vor allem UV-Strahlung, aber auch Nikotin oder eine falsche Ernährung fördern die Entstehung von freien Radikalen (→ Seite 119). Diese aggressiven Sauerstoffverbindungen zerstören unter anderem Kollagenfasern und tragen somit erheblich zur Hautalterung bei. Antioxidantien, hier in Blaubeeren und Traubenkernöl, fangen freie Radikale ab. Die Vitamine A und C helfen dabei und regen, wie auch bestimmte Spurenelemente (Eisen, Kupfer, Kieselsäure), die Kollagenbildung an. Letztgenannte Wirkstoffe finden sich vor allem in den Fenchelsamen.

Wenn ein Kurzurlaub in den Tropen gerade nicht drin ist, trösten Sie sich mit dieser Maske! Milde Säuren aus Ananas und reinem Naturjoghurt sorgen für einen Frische-Kick, der fahle, müde Winterhaut wieder strahlen und Pigmentflecken verblassen lässt. Fruchtsäure befreit von abgestorbenen Hautschüppchen, kurbelt die Kollagenproduktion an und verleiht ein glattes, ebenmäßiges Hautbild. Honig und Kokosöl spenden Feuchtigkeit und machen die Haut geschmeidig.

BRIGHT SKIN MASK

für strahlenden, frischen Teint

Zutaten für drei Anwendungen:

50 g frische Ananas

2 EL weiße Tonerde

1 EL Joghurt

1 EL Kokosöl

1 TL Honig

OBST DER SAISON

Je nach Saison: Neben Ananas sind auch Äpfel, Erdbeeren und Papaya tolle Fruchtsäure-Lieferanten.

Sämtliche Zutaten in einer Schüssel mit dem Pürierstab verrühren, bis die Konsistenz nach einigen Minuten schön cremig wird.

Zubereitung:

1. Fruchtfleisch klein schneiden, mit Joghurt und Honig in eine Schüssel geben und pürieren.
2. Weiße Tonerde hinzufügen und alles gut verrühren, bis sämtliche Klümpchen verschwunden sind.
3. Das Kokosöl in einem kleinen Topf auf dem Herd schmelzen lassen, dann in die Ananas-Joghurt-Mischung einrühren und gut verquirlen.
4. Die Masse für etwa fünf Minuten in den Gefrierschrank stellen, damit sie wieder fester wird und sich anschließend besser auftragen lässt.

Anwendung & Haltbarkeit:

- Die Maske auf die gereinigte Haut auftragen und zehn Minuten einziehen lassen. Dann mit einem Waschlappen und lauwarmem Wasser abnehmen.
- Im Kühlschrank maximal eine Woche haltbar.

TIPP

VORSICHT, SONNE!

Fruchtsäuren machen Ihre Haut lichtempfindlicher. Falls Sie nach Anwendung der Bright Skin Mask in die Sonne gehen, sollten Sie daher unbedingt eine Creme mit Lichtschutzfaktor auftragen.

Sie werden überrascht sein, wie sehr dieses Serum, allabendlich angewendet, Ihren Teint verbessert! Regenerierende und feuchtigkeitsspendende Öle zaubern einen jugendlichen Glow in Ihr Gesicht. Vor allem Nachtkerze dringt durch ihre essenziellen Fettsäuren besonders tief in die Haut ein! Während Wildrose auch Pigmentflecken und Narben mildert und die Kollagenproduktion fördert, wirkt Sanddornfruchtfleischöl antioxidativ und entzündungshemmend.

THE GLOW SERUM

für einen jugendlich frischen Teint

Zutaten für 30 ml:

4 TL Aprikosenkernöl

1 TL Wildrosenöl

1 TL Nachtkerzenöl

3 Tropfen Sanddornfruchtfleischöl

1 ml (¼ TL) Vitamin E

ÄTHERISCHE ÖLE, OPTIONAL:

2 Tropfen Neroli

1 Tropfen Mandarine rot

1 Tropfen Rose

1 Tropfen Weihrauch

Zubereitung:

1. Füllen Sie alle Öle über einen Trichter in eine sterilisierte Flasche. Dann nur noch leicht durchschütteln.

TIPP

SORGSAM AUFBEWAHREN

Das Serum dunkel und kühl aufbewahren. In einer getönten Glasflasche mit Pipette oder kleinem Pumpspender sind die Öle besser vor Oxidation geschützt.

Anwendung & Haltbarkeit:

- Massieren Sie abends ein paar Tropfen des Serums in die sorgfältig gereinigte, noch feuchte Haut. Nehmen Sie sich dafür mindestens eine Minute Zeit, das fördert die Durchblutung und lässt die Wirkstoffe gut einziehen. Die Öle bilden einen zarten Film, weshalb die Feuchtigkeit nicht sofort verdampft, sondern in der Haut gespeichert wird.
- Sofern Sie keine extrem trockene Haut haben, sollte dieses Öl als Nachtpflege völlig ausreichen.
- Da in diesem Serum weder Wasser noch frische Zutaten enthalten sind, können Sie es auch ohne Konservierungsstoffe sechs Monate aufbewahren.

Das Serum pflegt die Haut intensiv und lässt sie strahlen. Eine ausgiebige Massage strafft die Gesichtskonturen noch zusätzlich.

Die zarte Haut in der Augenpartie braucht ganz spezielle Pflege! Sie ist sehr dünn und besitzt kaum Talgdrüsen, was sie schneller austrocknen und altern lässt. Zudem wird sie durch Make-up und Mimik stark beansprucht. Kurzum: Diese empfindliche Partie braucht jede erdenkliche Hilfe! Das Eye Balm kombiniert cremige Pflanzenbuttern mit hochwertigem Wildrosenöl und pflegendem Vitamin E, um Krähenfüßen und Knitterfältchen effektiv den Kampf anzusagen.

EYE BALM

feuchtigkeitsspendende Augenpflege

Zutaten für 25 ml:

12 ml Jojobaöl

2,5 ml Wildrosenöl

2,5 g Sheabutter

2,5 g Kokosöl

2,5 g Bienenwachs

2,5 g Kakaobutter

1 ml (¼ TL) Vitamin E

Zubereitung:

1. Bienenwachs und Kakaobutter bei geringer Hitze im Wasserbad schmelzen. Sheabutter und Kokosöl hinzufügen und so lange umrühren, bis alle Zutaten flüssig sind. Dann aus dem Wasserbad nehmen.
2. Jojoba- und Wildrosenöl untermengen. Die Masse unter ständigem Rühren auskühlen lassen und dabei immer wieder mit dem Milchschäumer aufschlagen, damit sie eine cremige Konsistenz bekommt.
3. Sobald das Balm auf Handwärme abgekühlt ist, rühren Sie das Vitamin E unter.
4. Abschließend alles in einen Tiegel füllen und bei offenem Deckel vollständig abkühlen lassen.

Anwendung & Haltbarkeit:

- Abends vor dem Zubettgehen in sanften, kreisenden Bewegungen um die Augen einmassieren.
- Das Balm ist maximal sechs Monate haltbar.

VARIANTE MIT DUFTNOTE

Wenn Sie Ihr Eye Balm mit Duft bevorzugen, können Sie noch maximal drei Tropfen ätherische Öle hinzufügen. Gut geeignet sind zum Beispiel je ein Tropfen Lavendel, Ylang Ylang und Palmarosa. »Scharfe« ätherische Öle von Zitrusfrüchten, Teebaum, Zimt, Eukalyptus oder Minze sollten Sie besser nicht verwenden. Diese könnten die Augen reizen.

1. Bienenwachs, Buttern und Kokosöl bei geringer Hitze im Wasserbad schmelzen.

2. Das Jojoba- und Wildrosenöl zur Mischung geben, und alles gut miteinander verrühren.
3. Wenn das Balm abgekühlt ist, Vitamin E zugeben, dann das fertige Produkt in einen Tiegel abfüllen.

Diese sanfte und reichhaltige Creme ist ideal für reife, trockene und sensible Haut. Sie steckt voller Nährstoffe, besteht nur aus pflanzlichen Inhaltsstoffen, ist somit vegan und kommt ganz ohne Emulgatoren oder Konservierungsstoffe aus, da wir kein Wasser verwenden. Rosen- und Lavendelöl wirken ausgleichend und beruhigend auf die Haut, aber auch auf die Psyche.

RICH MOISTURIZER

pflegt selbst reife, trockene oder sensible Haut seidenglatt

Zutaten für 90 ml:

20 g unraffinierte Sheabutter

10 g Kakaobutter

10 g Mangobutter

35 ml Jojobaöl

5 ml Wildrosenöl

5 ml Nachtkerzenöl

5 ml (1 TL) Glyzerin

2,5 ml (½ TL) Vitamin E

ÄTHERISCHE ÖLE, OPTIONAL:

1 Tropfen Lavendel

3 Tropfen Mandarine rot

1 Tropfen Rosa damascena

Zubereitung:

1. Shea-, Kakao- und Mangobutter im Wasserbad bei geringer Hitze schmelzen. Die flüssige Mischung vom Herd nehmen, auf Raumtemperatur abkühlen.
2. Jojoba-, Wildrosen- und Nachtkerzenöl hinzufügen, abschließend noch Glyzerin und Vitamin E.
3. Dann alles mit einem Milchschäumer oder einem kleinen Schneebesen cremig aufschlagen.
4. Die Masse in einen sterilisierten Tiegel füllen und eine Stunde lang im Kühlschrank aushärten lassen.

Anwendung & Haltbarkeit:

- Die Creme morgens und abends auf die gereinigte Haut auftragen und sanft einmassieren.
- Die Creme an einem kühlen Ort aufbewahren, im Sommer am besten in Ihrem Kühlschrank.
- Die Creme ist maximal sechs Monate haltbar. Für längere Frische können Sie sorgen, indem Sie diese in zwei Portionen aufteilen und eine davon einfrieren!

WISSEN

MANDARINENÖL

Hierbei unterscheidet man zwei Sorten:
Grünes Mandarinenöl wird aus den Schalen der noch unreifen Früchte gewonnen und riecht eher herb.
Rotes Mandarinenöl stammt von den reifen Früchten und besticht durch seinen süßlichen Duft.
Beide Varianten zeigen aber ähnliche Eigenschaften: Sie wirken antiseptisch, gleichen fettige Haut aus und beugen Schwangerschaftsstreifen vor. Mandarine rot hilft zudem besonders gut gegen Cellulite. Nicht zu vergessen: Beide Sorten sorgen für gute Laune!

1. Hydrolat, Glyzerin und Weingeist in einem kleinen Topf auf eine Temperatur von 60 Grad bringen.
2. In einem zweiten Topf lassen Sie die Lamecreme im Basisöl schmelzen und erwärmen sie auf 60 Grad.
3. Wasserphase zum Öl gießen und mit dem Milchschäumer aufschlagen, bis die Masse cremig wird.

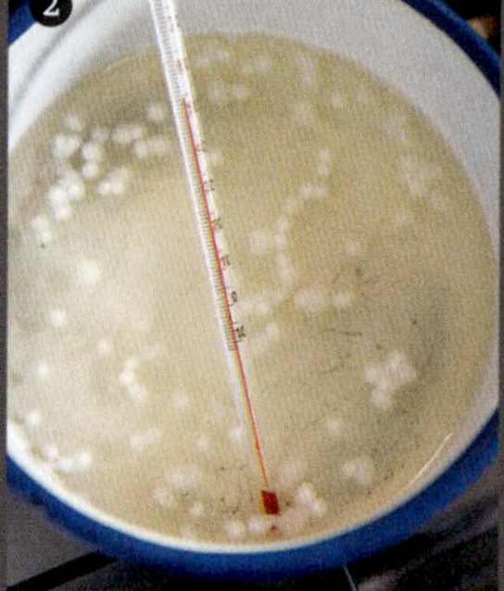

Wenn Ihre Haut zu Unreinheiten und verstopften Poren neigt, sollten Sie einem leichten Moisturizer ohne Pflanzenbuttern den Vorzug geben. Distelöl ist hierfür die optimale Grundlage, da es entzündungshemmend wirkt und schnell einzieht. Hamamelis-, Salbei- und Thymianhydrolat beruhigen die Haut, ziehen vergrößerte Poren zusammen und desinfizieren, Glyzerin und Aloe Vera spenden Feuchtigkeit. Die ätherischen Öle sind speziell auf unreine Haut abgestimmt.

LIGHT MOISTURIZER

spendet Feuchtigkeit, ohne zu fetten

Zutaten für circa 100 ml:

60 ml Hamamelis-, Salbei- oder Thymianhydrolat
10 ml Distelöl oder Traubenkernöl
7 ml Alkohol, 95 %ig (Weingeist)
5 ml Aloe-Vera-Gel
5 ml Glyzerin
4 g Lamecreme
2,5 ml (½ TL) Vitamin E

ÄTHERISCHE ÖLE, OPTIONAL:

7 Tropfen Karottensamenöl
3 Tropfen Lavendel
3 Tropfen Palmarosa
2 Tropfen Pfefferminze

Zubereitung:

1. Hydrolat, Glyzerin, Aloe-Vera-Gel und Weingeist langsam auf 60 Grad erwärmen (Wasserphase).
2. In einem Wasserbad die Lamecreme in Distel- oder Traubenkernöl aufschmelzen und ebenfalls auf 60 Grad erwärmen (Fettphase).
3. Überprüfen Sie die Temperaturen beider Phasen am besten mit dem Küchenthermometer. Wenn diese exakt übereinstimmen, erreichen Sie im nächsten Schritt eine gleichmäßigere Emulsion.
4. Nun beide Behälter vom Herd nehmen. Die Wasserphase in einem langsamen Strahl zur Fettphase gießen, dann mit dem Milchschäumer circa 3 Minuten aufschlagen, bis die Konsistenz cremig ist.
5. Das Gefäß mit der Creme in eine Schüssel mit kühlem Wasser stellen und weiterrühren. Achten Sie darauf, dass kein Wasser in das Produkt gelangt. Dadurch würde sich die Haltbarkeit drastisch verringern.
6. Ist der Moisturizer auf Handwärme abgekühlt, fügen Sie Vitamin E und die ätherischen Öle hinzu.
7. Dann in einen Tiegel oder Pumpspender abfüllen.

Anwendung & Haltbarkeit:

- Den Moisturizer morgens und abends nach der Reinigung sanft in die Haut einmassieren.
- Die Creme ist sechs Wochen haltbar. Oder Sie teilen diese auf zwei Tiegel auf und frieren einen ein.

WISSEN

KAROTTENSAMENÖL

Ein leuchtend orangefarbenes Öl, das die Haut festigt und strafft. Empfehlenswert bei fetter, unreiner Haut!

Auf der langen Suche nach einem einfachen und effektiven Lipbalm-Rezept stellte sich am Ende heraus, dass weniger manchmal wirklich mehr ist. Das Ergebnis: Das Produkt ist zu 100% natürlich, und die Zutaten sind im Biomarkt und in der Apotheke ganz einfach zu bekommen! Das Easy Lip Balm pflegt raue Lippen wunderbar zart. Zudem lässt sich das Rezept sehr leicht variieren: Mit etwas ätherischem Öl verleihen Sie ihm Ihren individuellen Lieblingsduft.

EASY LIP BALM

pflegt raue Lippen zart und geschmeidig

Zutaten für 20 g:

6 g unraffinierte Sheabutter

8 g Kokosöl

4 g Bienenwachs, als vegane Alternative Jojobawachs

ÄTHERISCHES ÖL, OPTIONAL:

2 Tropfen Pfefferminze

Zubereitung:

1. Bienenwachs, Sheabutter und Kokosöl im Wasserbad zergehen lassen. Achten Sie darauf, die Rohstoffe dabei nicht zu sehr zu erhitzen. Die Masse darf weder dampfen noch Blasen werfen.
2. Anschließend das Gemisch unter ständigem Rühren auf Handwärme abkühlen lassen.
3. Dann erst das ätherische Öl einträufeln und sorgfältig unter die sonstigen Zutaten mischen.
4. Alles in einen kleinen Behälter abfüllen und bei geöffnetem Deckel aushärten lassen. Nach etwa 30 Minuten Wartezeit ist Ihr Balm schon bereit für den ersten Einsatz! Noch schneller geht es, wenn Sie den Behälter in den Kühlschrank stellen.

Anwendung & Haltbarkeit:

- Bei Bedarf auf die Lippen auftragen.
- Das Balm ist etwa sechs Monate haltbar.

TIPP

AUS EINS MACH DREI

Stellen Sie am besten gleich die dreifache Menge dieser hochwertigen Lippenpflege her. So lassen sich die Zutaten leichter abwiegen und miteinander vermengen. Verschenken Sie die überzähligen Balms an Freunde und Bekannte, oder experimentieren Sie mit ätherischen Ölen und Farbpigmenten – dann haben Sie gleich mehrere Sorten zur Auswahl!

Nicht nur reichhaltige Pflege: Dieser Gloss verleiht Ihren Lippen durch seinen Anteil an Rizinusöl einen seidigen Glanz, Rote-Bete-Extrakt sorgt für eine zarte, natürliche rosa Farbe. Und das komplett ohne künstliche Farbstoffe! Falls Sie ein intensiveres Ergebnis oder besondere Farben wünschen, können Sie das Rote-Bete-Pulver auch durch kosmetische Pigmente ersetzen.

TINTED LIP GLOSS

sorgt für sinnliche Lippen mit seidigem Glanz

Zutaten für circa 20 g:

10 ml Glyzerin

5 g Bienenwachs, als vegane Alternative Jojobawachs

5 g Sheabutter

5 g Kokosöl

2 ml Rizinusöl

1 TL Rote-Bete-Pulver

ÄTHERISCHE ÖLE:

3 Tropfen Grapefruit

Zubereitung:

1. Glyzerin und das Rote-Bete-Pulver in einem kleinen Glas sorgfältig miteinander verrühren. Die Mischung sollte dickflüssig und sehr farbintensiv sein.
2. Das Bienenwachs und die Sheabutter bei geringer Hitze im Wasserbad schmelzen. Sobald beide Zutaten flüssig sind, den Topf vom Herd nehmen.
3. Kokosöl, Rizinusöl und ätherisches Öl einrühren, dann auf Handwärme abkühlen lassen.
4. Anschließend das gefärbte Glyzerin tropfenweise zu den Ölen mischen, bis die von Ihnen gewünschte Farbintensität erreicht ist. Dabei sehr schnell rühren, damit sich die Farbe gut im Gloss verteilt.
5. Die Mischung in einen kleinen Tiegel abfüllen und bei offenem Deckel auskühlen lassen.

Anwendung & Haltbarkeit:

- Der Lip Gloss ist circa sechs Monate haltbar.

TIPP

MIT PIGMENTEN

Wenn Sie zum Färben den Rote-Bete-Extrakt verwenden, so müssen Sie damit rechnen, dass sich die Farbe nach etwa zwei Monaten ändert und verblasst. Ein stabileres, lang anhaltendes Ergebnis können Sie erreichen, indem Sie stattdessen kosmetische Pigmente einsetzen. Einfach 1 MSP des Pulvers in Glyzerin einrühren, dann wie beschrieben fortfahren.

1. Für eine gleichmäßige Farbe: Rote-Bete-Pulver oder Pigmente erst mit dem Glyzerin verrühren.
2. Dann tropfenweise zu den übrigen Zutaten geben, bis der Gloss die gewünschte Farbe erreicht hat.

SANFTE PFLEGE

für Schwangere und Babys

Eine Schwangerschaft verändert alles. Die körperliche Umstellung ist jedoch nicht immer ein Beauty-Booster für Haut und Haar. Um möglichen Begleiterscheinungen vorzubeugen, bedarf es sanfter Pflege. Doch welche Wirkstoffe darf man jetzt noch auf die Haut auftragen? Nur solche, die später auch für die Babypflege geeignet sind!

Während ich dieses Kapitel schreibe, bin ich selbst im achten Monat schwanger und freue mich auf die Geburt unserer kleinen Tochter. Vom ersten Tag der Schwangerschaft an war klar, dass für meine Pflegeprodukte in den nächsten Monaten erst recht nur die natürlichsten und unbedenklichsten Zutaten infrage kommen.

BEWUSST AUSWÄHLEN

Im Prinzip brauchen Sie während der Schwangerschaft keine speziellen Rohstoffe – vielmehr stellt sich die Frage, auf welche Sie besser verzichten. Alle kalt gepressten Pflanzenöle und -buttern sind in dieser besonderen Zeit problemlos weiterzuverwenden. Bei ätherischen Ölen ist jedoch Vorsicht geboten. Sie enthalten kraftvolle, hoch konzentrierte Wirkstoffe, die im Extremfall sogar Wehen auslösen können. Davon abgesehen, sind Schwangere besonders in den ersten Monaten oft so geruchsempfindlich, dass sie manche Düfte als störend und aufdringlich wahrnehmen. Ausgewählte Öle in einer unbedenklichen Dosierung können allerdings gerade während der Schwangerschaft fantastische Hilfsmittel sein. So sind Lavendel, Rose, Kamille blau und Neroli sehr gut verträglich und unterstützen mit ihren beruhigenden, harmonisierenden Eigenschaften die werdende Mama in diesen aufregenden Monaten. Die genannten vier Öle haben zudem pflegende Eigenschaften und helfen dabei, Schwangerschaftsstreifen zu vermeiden. Selbst in der Babypflege können sie ab dem dritten Lebensmonat sparsam dosiert eingesetzt werden. Alle anderen ätherischen Öle sollten Sie sicherheitshalber weglassen.

FÜR MUTTER UND KIND

Wenn Sie die Schwangerschaft überstanden haben, brauchen Sie natürlich auch Pflegeprodukte für Ihren kleinen Schatz. Daher sind die folgenden Rezepturen der Einfachheit halber sowohl für Mütter als auch Babys gedacht. Sie erfüllen gleich mehrere Funktionen und sind so schnell anzurühren, dass selbst gestresste Mamas auf Schlafentzug noch eine Gelegenheit dazu finden. Nehmen Sie sich genügend Zeit für die Babymassage: Die ersten Sinneseindrücke nimmt Ihr kleiner Schatz über die Haut auf!

Konventionelles Babyöl auf Paraffinöl-Basis legt sich wie ein Film auf die zarte Haut und kann nicht einziehen. Besser wirkt die natürliche Alternative mit Lavendel- oder Kamillenöl.

BABY OIL

für den beanspruchten Windelpopo

Zutaten für 100 ml:

80 ml Aprikosenkernöl / 20 ml Sesamöl, kalt gepresst und nicht geröstet / optional 3 Tropfen ätherisches Lavendel- oder Kamillenöl

Zubereitung:

Füllen Sie alle Öle in einen Pumpspender. Dieser bewährt sich vor allem dann, wenn Sie ein strampelndes Baby auf dem Wickeltisch haben!

Anwendung & Haltbarkeit:

- **Für Babys** Geeignet zur Reinigung und Massage, als Badezusatz und zur Behandlung von Milchschorf.
- **Für Mamas** Als Badeöl beugt es Schwangerschaftsstreifen vor – habe ich selbst erprobt!
- Das Baby Oil ist sechs Monate haltbar.

Reichhaltige Öle spenden sanfter Babyhaut Feuchte, Bienenwachs schützt vor Windelnässe. Bei Mamas beugt die Creme Schwangerschaftsstreifen vor und pflegt wunde Brustwarzen.

BABY BALM

Ganzkörperpflege für zarte Babyhaut

Zutaten für 100 ml:

35 g Kokosöl / 35 ml Mandel- oder Aprikosenkernöl / 20 g Sheabutter / 10 g Bienenwachs / optional 3 Tropfen ätherisches Lavendelöl

Zubereitung:

Bienenwachs im Wasserbad schmelzen. Kokosöl und Sheabutter zugeben und ganz langsam erwärmen, damit beim Aushärten keine Klümpchen entstehen. Das Öl zufügen, dann alles unter ständigem Rühren auf Handwärme abkühlen lassen. Nun noch das Lavendelöl untermischen, den Balm in einen Tiegel füllen und 30 Minuten in den Kühlschrank stellen.

Anwendung & Haltbarkeit

- Balm innerhalb von sechs Monaten aufbrauchen.

FÜR DEN KÖRPER

Natürlich schön gepflegt

Körperpflege dient nicht nur der notwendigen Hygiene, sondern soll auch unsere Haut in ihren vielfältigen Funktionen optimal unterstützen. Nicht zu vergessen: Ein gutes und sauberes Körpergefühl trägt erheblich zu unserem persönlichen Wohlbefinden bei und befriedigt das Bedürfnis nach Erfrischung, Entspannung und Genuss.

Die Haut ist mit fast zwei Quadratmetern Fläche unser größtes Organ und so wie Leber und Nieren unerlässlich für die Entgiftung unseres Körpers. Auch wenn Sie vielleicht noch bei Ihren gewohnten Gesichtspflegeprodukten bleiben möchten: Versuchen Sie, ein paar der folgenden Rezepte für Bodycare umzusetzen. Damit können Sie Ihre Haut beim Entgiftungsprozess unterstützen! Die Produkte sind allesamt nur aus natürlichsten Rohstoffen, ganz ohne Zusätze von Chemikalien oder Konservierungsstoffen.

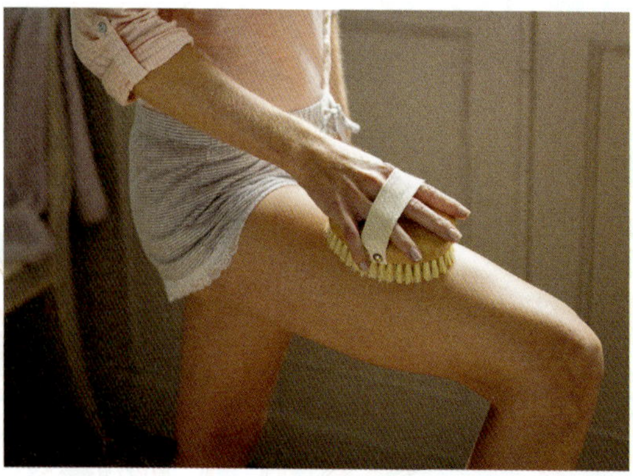

Detox und Pflege für Ihre Haut.

DRY BRUSHING

Die perfekte Ergänzung zu Ihrer selbst gemachten Skincare ist ein tägliches Dry Brushing. Die regelmäßige Massage mit einer trockenen Bürste hat viele positive Effekte auf unsere Haut:

- Dry Brushing fördert die Durchblutung und sorgt somit dafür, dass wichtige Nährstoffe aus dem Blut in die Zellen der Haut gelangen.
- Gleichzeitig aktiviert es den Lymphfluss. Säuren und andere Schadstoffe werden so schneller abtransportiert und ausgeleitet.
- Obendrein entfernt das Bürsten abgestorbene Zellen – freuen Sie sich über eine wunderbar rosige und zarte Haut, die Ihre hochwertigen Pflegeprodukte nun besser aufnehmen kann.
- Dry Brushing regt die Kollagenproduktion an und macht die Haut somit fester und straffer!

TIPP

HIER BESSER NICHT!

Dry Brushing eignet sich nicht für die empfindliche Gesichtshaut. Verletzte oder erkrankte Hautareale beim Bürsten unbedingt aussparen!

ENERGIE FÜR DEN TAG

Starten Sie energiegeladen in den Tag! Die Trockenbürstenmassage vitalisiert nicht nur Ihre Haut, sondern wirkt auf den gesamten Organismus belebend, erfrischend und leistungssteigernd. Darum am besten morgens vor der Dusche durchführen. Nehmen Sie eine weiche Bürste, und massieren Sie Ihre Haut mit leichtem Druck etwa fünf Minuten lang wie folgt:

- Beginnen Sie mit dem rechten Fuß. Bürsten Sie in langen Strichen von der Fußsohle über den Fußrücken bis hin zur Wade, dann zum Oberschenkel. Arbeiten Sie immer in Richtung des Herzens. Auf diese Weise regen Sie die Durchblutung und den Lymphfluss an.
- Wechseln Sie anschließend zum linken Bein.
- Nun geht es hoch zum Rücken: Bürsten Sie weiterhin in Herzrichtung über den Po und den unteren Rücken bis zu den Flanken.
- Den Bauchnabel mehrmals im Uhrzeigersinn umkreisen. Das unterstützt die Verdauung!
- Die Brust wieder in Herzrichtung massieren, dabei vom Nabel aus sanft nach oben streichen.
- Jetzt fehlen nur noch die Arme: Ausgehend von den Fingern, arbeiten Sie sich über die Handinnenfläche und den Handrücken, den Unter- und Oberarm hoch zur Schulter. Beginnen Sie auch hier mit dem rechten Arm.

WISSEN
BODY-IONIC-BRUSH

Die Borsten dieser speziellen Trockenmassagebürste sind aus feinsten Fäden einer Kupfer-Zinn-Legierung gefertigt. Bei Reibung erzeugen sie sogenannte negative Kleinionen, deren winzige elektrische Ladung besonders belebend und erfrischend auf die Haut wirken soll. Schon im Mittelalter von Mönchen und Nonnen zur Massage und Schmerzstillung eingesetzt, wird dieses besondere Pflegeutensil gerne auch als »Klosterbürste« bezeichnet. Bei Allergien gegen Kupfer oder Zinn bitte nicht anwenden!

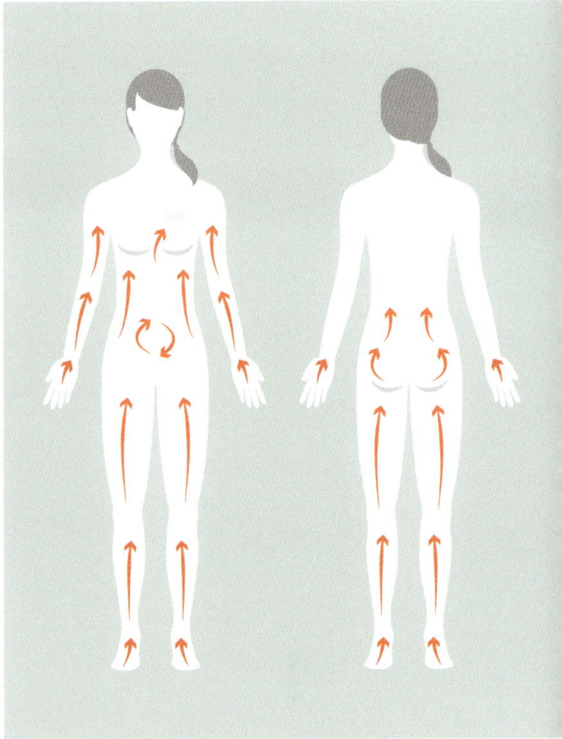

Tägliches Dry Brushing fördert die Durchblutung und strafft das Gewebe. Vor der Morgendusche angewandt lässt es Sie frisch und leistungsstark in den Tag starten!

OIL PULLING

Kokosöl als natürliche Mundspülung – diese sanfte ayurvedische Detox-Technik ist so einfach wie effektiv! Einfach morgens nach dem Aufstehen einen Teelöffel kalt gepresstes Kokosöl kurz unter der Zunge zergehen lassen, dann mit dem flüssigen Öl den Mund 15 bis 20 Minuten lang sorgfältig ausspülen. Achten Sie darauf, auch die Zahnzwischenräume zu erreichen. Die reinigenden Eigenschaften des Öls helfen dabei, Bakterien und Toxine aus der Mundhöhle unschädlich zu machen. Wichtig: Das Öl anschließend nicht ins Waschbecken spucken, sondern in den Müll, sonst verstopfen die Rohre. Mit warmem Wasser nachspülen und Zähne wie gewohnt putzen. Das Ergebnis: eine gesunde Mundflora, strahlende Zähne und frischer Atem!

Scrubs sind meine absoluten Lieblingsprodukte. Sie regen die Durchblutung an, befreien die Poren von Schmutz und Giftstoffen und pflegen die Haut gleichzeitig samtweich! Hier brauchen wir nur sehr wenige Zutaten: Meersalz ist reich an Mineralien und peelt sanft, Limettenöl und Ingwer entschlacken, das Kokosöl macht die Haut babyzart und geschmeidig. Und selbst ohne ätherische Öle duftet dieser Scrub fantastisch nach Kokos und Limette.

GINGER LIME
Scrub

Zutaten für 200 g:

150 g feines Meersalz oder Himalayasalz

40 g Kokosöl

20 ml Sonnenblumenöl

15 g frischer Ingwer

Abrieb einer Limette

ÄTHERISCHE ÖLE:

20 Tropfen Limette

10 Tropfen Orange

5 Tropfen Ingwer

Himalayasalz, Ingwer und Limettenabrieb in eine Schüssel geben und gut vermengen, dann das Sonnenblumenöl hinzufügen.

Zubereitung:

1. Ein Backblech mit Backpapier auslegen. Ingwer und Limettenschale fein reiben und auf dem Backpapier verteilen, dann bei etwa 100 Grad für 20 Minuten im Backofen trocknen lassen.
2. Währenddessen das Kokosöl in einem kleinen Topf auf niedrigster Stufe schmelzen.
3. Salz, Ingwer, Limettenschale und Sonnenblumenöl in einer Rührschüssel gut vermengen, das geschmolzene Kokosöl einfließen lassen.
4. Zuletzt die ätherischen Öle hinzufügen und alles ein weiteres Mal gut durchmischen. Nun nur noch in einen Glasbehälter mit Schraubverschluss oder in ein Weckglas füllen – das war's!

Anwendung & Haltbarkeit:

- Am besten verwenden Sie diesen Scrub in der Dusche. Nehmen Sie etwa zwei Esslöffel aus dem Tiegel, und reiben Sie sich gut damit ab. Empfindliche Hautpartien wie das Gesicht und den Hals sollten Sie dabei aussparen. Achtung: Den Scrub nicht auf offene Wunden oder entzündete Hautstellen auftragen, da das Salz brennen kann.
- Das Salz wirkt stark konservierend. Darum ist dieser Scrub bis zu drei Monaten haltbar.

Salz und grüne Tonerde in einer Schüssel vermischen und so lange Sesamöl zugeben, bis der Scrub gut durchfeuchtet ist.

Optimal für die Morgendusche! Grüne Tonerde hat eine entgiftende und reinigende Wirkung, während die ätherischen Öle von Minze, Bergamotte und Rosmarin beleben und die Durchblutung fördern. Als Basis verwende ich gerne Sesamöl, Sie können aber auch andere pflanzliche, kalt gepresste und geruchsneutrale Produkte wählen. Sonnenblumenöl zum Beispiel enthält viel Vitamin E, Olivenöl ist reich an Antioxidantien und essenziellen Fettsäuren.

ROSEMARY MINT DETOX

Scrub

Zutaten für 180 g:

150 g feines Meersalz

30 ml Sesamöl

½ EL grüne Tonerde

ÄTHERISCHE ÖLE:

10 Tropfen Pfefferminze

5 Tropfen Bergamotte

3 Tropfen Rosmarin

Zubereitung:

1. Salz, grüne Tonerde und Pflanzenöl in einer Schüssel verrühren, bis der Scrub gut durchfeuchtet ist, aber noch immer eine kompakte Konsistenz hat. Das Salz sollte nicht im Öl »schwimmen«.
2. Dann die ätherischen Öle hinzufügen, alles nochmals gut durchmischen und in einen Tiegel abfüllen.

Anwendung & Haltbarkeit:

- Am besten verwenden Sie diesen Scrub in der Dusche. Nehmen Sie etwa zwei Esslöffel aus dem Tiegel, und reiben Sie sich gut damit ab. Empfindliche Hautpartien wie das Gesicht und den Hals sollten Sie dabei aussparen. Achtung: Den Scrub nicht auf offene Wunden oder entzündete Hautstellen auftragen, da das Meersalz brennen kann.
- Auf frische Zutaten habe ich bei diesem Scrub verzichtet. Daher ist er bis zu sechs Monaten haltbar.

TIPP

TOLLE GESCHENKIDEE

Scrubs sind unglaublich einfach und sehr schnell herzustellen – das macht sie zur idealen »last-minute«-Geschenkidee. Dieses Rezept beschreibt die leichteste und schnellste Variante. Es dauert kaum fünf Minuten, bis Sie das Produkt in den Händen halten.

Die Wirkung dieses Scrubs können Sie je nach Basisöl variieren! Für Easy Detox sorgt Sesamöl, für wirksames Anti-Aging Olivenöl.

Auch bei sehr empfindlicher Haut müssen Sie nicht auf die wohltuende Wirkung und den sanften Peeling-Effekt eines Scrubs verzichten: Während Salz auf sehr trockener oder rissiger Haut brennen kann, ist Zucker die mildere Alternative. Die Mischung aus Pflanzenölen und Honig macht die Haut babyzart – nach diesem Scrub benötigen Sie garantiert keine Bodylotion mehr.

GRAPEFRUIT SUGAR

Scrub

Zutaten für 150 g:

100 g feinkörniger Rohrzucker

30 ml Sonnenblumenöl

10 g (1 EL) Kakaobutter

1 EL Honig, als vegane Alternative Glyzerin

ÄTHERISCHE ÖLE:

20 Tropfen Grapefruit

5 Tropfen Pfefferminze

OPTIONAL:

1 MSP Rote-Bete-Pulver zum Einfärben

Zubereitung:

1. Zucker, Sonnenblumenöl, Honig, ätherische Öle und Rote-Bete-Pulver in einer Schüssel vermischen.
2. Die Kakaobutter auf geringster Stufe in einem kleinen Topf schmelzen, bis sie komplett flüssig ist, dann zur Zuckermischung gießen.
3. Alles gut umrühren und in einen Tiegel füllen.

Anwendung & Haltbarkeit:

- Am besten verwenden Sie diesen Scrub in der Dusche. Nehmen Sie etwa zwei Esslöffel aus dem Tiegel, und reiben Sie sich gut damit ab. Empfindliche Partien wie Gesicht und Hals dabei aussparen.
- Da wir keine frischen Zutaten verwenden, ist der Scrub sechs Monate haltbar.

WISSEN

KÖRPERPEELING

Oberflächenpeeling, in der Fachsprache auch Mikrodermabrasion genannt, dient zur Entfernung von überschüssigem Talg und abgestorbenen Hautzellen. Die Haut wirkt nachfolgend deutlich frischer und fühlt sich zart und geschmeidig an. Die porentiefe Reinigung hilft bei Hautunreinheiten und bestimmten Formen der Akne. Zudem bewirkt der Massageeffekt eine stärkere Durchblutung der Haut und kurbelt die Kollagenproduktion an. Dadurch strafft sich das Gewebe, Dehnungs- und Schwangerschaftsstreifen werden gemindert, Fältchen reduziert. Für den nötigen Rubbeleffekt können natürliche Stoffe wie Zucker oder Salz sorgen, manche schwören auch auf Haferkleie oder Kaffeesatz. Bei zu häufiger oder sehr intensiver Anwendung bildet die Haut zu ihrem Schutz jedoch vermehrt Horn. Darum den Scrub nur einmal pro Woche anwenden und sanft einmassieren.

1. Kochen Sie den Kräutersud oder das Hydrolat Ihrer Wahl auf, und geben Sie die Zitronensäure dazu.
2. Den Gelbildner Xanthan transparent einrühren, dann alles mit dem Milchschäumer gründlich aufschlagen.
3. Als waschaktive Substanz geben Sie der Mischung Plantapon zu. Dieses vorsichtig mit einem Löffel unterrühren.

Duschgel selbst herzustellen gehört zu den eher komplizierten Vorgängen in der Naturkosmetik. Keine Sorge – mit diesem einfachen Rezept sollte es Ihnen problemlos gelingen! Das fertige Produkt erzeugt einen feinen, cremigen Schaum und duftet dank der reinen ätherischen Öle wunderbar natürlich. Entscheiden Sie selbst, mit welchem Duft Sie in den Tag starten möchten.

THE GLOW SHOWERGEL

Körperreinigung auf natürliche Art

Zutaten für 200 ml:

120 ml Pfefferminz-, Thymian- oder Salbeihydrolat

75 ml Plantapon

10 Tropfen Zitronensäure

¼ TL Xanthan transparent

FÜR GUTE LAUNE UND VIEL ENERGIE:

10 Tropfen Grapefruit

10 Tropfen Orange

10 Tropfen Pfefferminze

10 Tropfen Basilikum

FÜR EINEN KLAREN KOPF UND ZUR ANREGUNG DES KREISLAUFS:

20 Tropfen Rosmarin

20 Tropfen Bergamotte

Zubereitung:

1. Hydrolat aufkochen, die Zitronensäure einrühren.
2. Xanthan transparent hinzufügen und alles mit dem Milchschäumer aufschlagen, bis sich ein feines Gel bildet. Die Masse sollte nicht »glibberig« sein, sondern eine gleichmäßig dickflüssige Konsistenz haben.
3. Das Plantapon vorsichtig mit einem Löffel unterrühren, sodass kein Schaum entsteht.
4. Die Masse auf Handwärme abkühlen, dann die jeweiligen ätherischen Öle hinzufügen.
5. Abschließend das Gel über einen Trichter in eine Flasche Ihrer Wahl abfüllen.

Anwendung & Haltbarkeit:

- Idealerweise verwenden Sie einen Pumpspender. So gelangt kein Wasser in die Flasche, und das Produkt bleibt länger haltbar.
- Das Gel ist sechs Wochen lang zu verwenden.

VARIANTE MIT KRÄUTERSUD

Anstatt der angegebenen Hydrolate können Sie auch einen Kräutersud Ihrer Wahl zubereiten:

- **Gießen** Sie dazu einen Esslöffel Rosmarin, Minze oder Salbei mit 120 ml kochendem Wasser auf, und lassen Sie den Aufguss zehn Minuten durchziehen.
- **Die** Blätter absieben, den Sud auskühlen lassen.
- **Hier** zur Konservierung unbedingt 10 ml Weingeist, 95 %ig, unterrühren. Ab dann gehen Sie wieder in den Schritten vor, wie sie im Rezept beschrieben sind.

Sesamöl gilt in der indischen Ayurveda-Lehre seit Jahrtausenden als wirksames Mittel zur Entgiftung. Dabei findet es sowohl innerlich als auch äußerlich bei Massagen Anwendung. Macadamiaöl zieht besonders gut ein und hilft somit den wertvollen Wirkstoffen, tief in die Haut einzudringen. Wildrosenöl wiederum ist für seine stark regenerierenden und zellerneuernden Eigenschaften bekannt, es macht die Haut streichelzart und weich.

DETOXING BODY OIL

tiefenwirksame, regenerierende Pflege

Zutaten für 100 ml:

40 ml Sesamöl

40 ml Macadamiaöl

20 ml Wildrosenöl

2,5 ml (½ TL) Vitamin E

ÄTHERISCHE ÖLE:

20 Tropfen maximal; einen besonders guten Detox-Effekt haben Grapefruit, Wacholder und Rosmarin

Zubereitung:

1. Die Öle und das Vitamin E miteinander verrühren.
2. Die Mischung über einen kleinen Trichter in eine sterilisierte Flasche füllen.

Anwendung & Haltbarkeit:

Machen Sie die Anwendung dieses Öls zum Ritual:

- Gönnen Sie sich ein heißes Bad oder eine Dusche.
- Idealerweise wenden Sie dabei einen Ihrer selbst hergestellten Scrubs an.
- Nachdem Sie diesen gründlich abgespült haben, tragen Sie das Öl von Kopf bis Fuß auf die noch feuchte Haut auf. Dann gut einmassieren, besonders an trockenen Partien wie den Ellbogen und Knien.
- Geben Sie auch ein paar Tropfen des Öls in Ihre Haarspitzen, um sie glatt und glänzend zu pflegen.
- Dank der Zugabe von Vitamin E ist das Body Oil etwa sechs Monate vor Oxidation geschützt. Achten Sie darauf, dass kein Wasser in die Mixtur kommt!

WISSEN

MACADAMIAÖL

Das Öl der Macadamianuss zieht schnell ein, schützt vor Austrocknung und wirkt überaus hautglättend und regenerierend. Optimal geeignet für trockene und sensible Haut sowie als Basis für Massageöl!

Perfekte Pflege auch für Haare und Kopfhaut: Das Öl vor dem Haarewaschen oder während der Nacht einwirken lassen, dann gut ausspülen.

Wenn Ihre Haut im Winter besonders trocken ist oder Sie gerne lange baden, ist das Ihr Produkt! Diese extrem reichhaltige Body Butter ist geradezu dekadent cremig und schenkt Ihnen samtweiche Haut. Falls Ihnen die Konsistenz direkt nach der Zubereitung zu flüssig erscheint, haben Sie noch ein wenig Geduld: Kakaobutter härtet sehr langsam aus. Die Rezeptur erreicht also erst nach einigen Tagen ihren endgültigen, cremig-rahmigen Touch.

BODY BUTTER

reichhaltige Körperpflege für trockene Haut

Zutaten für etwa 100 g:

60 g Sheabutter

15 g Kakaobutter

15 ml Aprikosenkernöl

5 ml Wildrosenöl

ÄTHERISCHE ÖLE:

20 Tropfen maximal, z. B. Geranie, Bergamotte, Ylang Ylang

OPTIONAL:

1 TL pflanzliche Stärke, z. B. Pfeilwurzpulver oder Maisstärke

Die geschmolzenen Buttern und die übrigen Zutaten mehrmals kräftig aufschlagen, bis die gewünschte Konsistenz erreicht ist.

Zubereitung:

1. Sheabutter, Kakaobutter und flüssige Öle in eine Schüssel geben. Im Wasserbad bei niedriger Temperatur sehr langsam erwärmen, bis die Mischung komplett flüssig ist. Etwa 10 Minuten unter ständigem Rühren bei Raumtemperatur abkühlen lassen, anschließend für 15 Minuten ins Gefrierfach stellen.
2. Die angefrorene Masse mit dem Pürierstab oder einem kleinen Schneebesen aufschlagen, bis die Konsistenz cremiger wird. Dann noch einmal für 10 Minuten ins Gefrierfach stellen und wieder aufschlagen, bis Sie die gewünschte Konsistenz erreicht haben. Die ätherischen Öle einträufeln und gut unterrühren.
3. Die Creme mit einem Backspritzbeutel in ein Glas abfüllen. Kühl aufbewahren, damit sie nicht schmilzt!

Anwendung & Haltbarkeit:

- Die Body Butter ist bis zu sechs Monaten haltbar.

MIT PFEILWURZPULVER

Nur eine Messerspitze davon unter das fertige Produkt rühren – und schon ist die Konsistenz Ihrer Body Butter etwas seidiger und weniger fettig!

Eine leichte Bodylotion, die dank des Kokosöls gut einzieht, babyzart pflegt und einen seidigen Schimmer auf der Haut hinterlässt! Die wohlriechenden ätherischen Öle von Bitterorange, Zitrone und Eukalyptus erinnern an einen warmen Sommerabend im Süden.

BODY GLOWTION

die reichhaltige Pflege für jeden Hauttyp

Zutaten für 135 ml:

100 g unraffinierte, weiche Sheabutter

35 g Kokosöl

ÄTHERISCHE ÖLE:

10 Tropfen Zitrone

7 Tropfen Bitterorange

3 Tropfen Eucalyptus

Zubereitung:

1. Sheabutter und Kokosöl kurz erwärmen, bis beides weich ist. Dann in einer Schüssel mit dem Pürierstab aufschlagen, bis das Gemisch eine gleichmäßige, cremige Konsistenz aufweist.
2. Geben Sie dann die ätherischen Öle hinzu.
3. Abschließend die Lotion in einen Pumpspender oder in einen Tiegel abfüllen.

Anwendung & Haltbarkeit:

- Die Body Glowtion nach dem Duschen auf die noch feuchte Haut auftragen und einmassieren.
- Das Produkt ist etwa sechs Monate haltbar.

WISSEN

EIN PAAR FACHBEGRIFFE

Viele Bezeichnungen für Hautpflegeprodukte werden zwar synonym verwendet, charakterisieren aber eigentlich die Zusammensetzung des Produkts:
Creme steht für das Gemisch aus einer wässrigen und einer öligen Komponente. Bei der Wasser-in-Öl-Variante (W / O-Typ) überwiegt die ölige Phase, in der die wässrigen Bestandteile in feinsten Tröpfchen verteilt sind. Diese Cremes ziehen rasch in die Haut ein und bilden an deren Oberfläche einen schützenden Film, der die Wasserabgabe über die Haut hemmt und damit vor Austrocknung schützt. Cremes mit hohem Wasseranteil (Öl-in-Wasser-Variante, O / W-Typ) sind dagegen besser zur Pflege fettiger Haut geeignet, da sie weniger rückfettend wirken. Durch Beigabe von Feuchtigkeitsspendern (Honig, Glyzerin) unterstützen sie das Wasserbindungsvermögen der Haut.
Lotion dient oft als Synonym für Cremes vom O / W-Typ, meint aber streng genommen eine wässrige oder wässrig-alkoholische Rezeptur, in der bestimmte Wirkstoffe enthalten sind.
Lotio bezeichnet eine Mixtur, bei der feste Bestandteile in einer Flüssigkeit vorliegen (flüssiges Puder).

Das Schwitzen an sich ist eine wichtige und gesunde Körperfunktion, die nicht komplett unterbunden werden sollte, aber natürlich will niemand unangenehm riechen! Dieses rein pflanzliche Produkt hilft genauso gut wie ein normales Deo, duftet aber noch besser! Ausgesuchte ätherische Öle wirken beruhigend und adstringierend und machen geruchsverursachende Bakterien unschädlich.

HERBAL DEODORANT

die pflanzliche Alternative zu herkömmlichen Deos

Zutaten für 60 g:

30 g (2 EL) Kokosöl

15 g (1 EL) Natron

15 g (1 EL) pflanzliche Stärke, z. B. Maisstärke oder Pfeilwurzpulver

2 g Bienenwachs

ÄTHERISCHE ÖLE:

10 Tropfen Limette

4 Tropfen Salbei

2 Tropfen Pfefferminze

Zubereitung:

1. Das Bienenwachs in einen kleinen Topf geben und im Wasserbad schmelzen. Das Kokosöl unterrühren und zergehen lassen, dann alles vom Herd nehmen.
2. Stärke und Natron in einer Schüssel sorgfältig miteinander vermengen und unter ständigem Rühren der Bienenwachs-Kokosöl-Mischung zugeben.
3. Den Topf in eine Schüssel mit kaltem Wasser stellen, so wird die Masse schneller fest. Während des Abkühlens zügig weiterrühren, damit Stärke und Natron sich nicht auf dem Boden absetzen.
4. Nun noch die ätherischen Öle einrühren.
5. Zuletzt die Masse in einen kleinen Tiegel umfüllen und setzen lassen. An einem kühlen Ort lagern.

Anwendung & Haltbarkeit:

- Eine circa erbsengroße Menge der Deocreme unter den Achseln einreiben.
- Aufgrund des großen Anteils an Kokosöl kann das Produkt je nach Temperatur härter oder weicher sein. Ist es zu fest, rühren Sie es einfach noch einmal um, andernfalls stellen Sie es kurz in den Kühlschrank!
- Da wir weder Wasser noch frische Zutaten verwenden, hält das Deo mindestens drei Monate. Achten Sie jedoch darauf, dass kein Wasser in das Produkt gelangt. Entnehmen Sie das Deo daher am besten mit einem kleinen Spatel oder Löffel.

WISSEN

VERMEIDBARES RISIKO

Trotz ernst zu nehmender Warnungen enthalten herkömmliche Deos immer noch schädliche Chemikalien. Vor allem die darin enthaltenen Aluminiumsalze können über die zarte Achselhaut schnell in den Körper, besonders in die Brust, einziehen und stehen im Verdacht, Zysten und Brustkrebs auszulösen.

1. Bienenwachs im Wasserbad schmelzen, dann das Kokosöl darin zergehen lassen.

2. Stärke und Natron zur Wachs-Öl-Mischung hinzugeben und gut untermischen.
3. Dann alles in ein Eisbad stellen und weiterrühren - so wird die Konsistenz schneller cremig.

Neben dem Gesicht finden auch die Hände große Beachtung bei unseren Mitmenschen! Dieses reichhaltige Balm pflegt selbst raue Hände und brüchige Nägel wieder geschmeidig und schützt die empfindliche Nagelhaut vor Entzündungen. Für samtweiche, streichelzarte Hände!

HAND & NAIL BALM

reichhaltige Pflege für beanspruchte Hände

Zutaten für 80 ml:

30 ml (2 EL) Avocadoöl, ersatzweise auch Olivenöl oder jedes andere reichhaltige Basisöl

10 g Kakaobutter

15 g Mangobutter

10 g Kokosöl

10 g Sheabutter

5 g Bienenwachs,
als vegane Alternative 4 g Carnaubawachs

ÄTHERISCHE ÖLE:

7 Tropfen Mandarine

3 Tropfen Rosmarin

2 Tropfen Pfefferminze

Zubereitung:

1. Bienenwachs, Kakaobutter und Mangobutter bei niedriger Hitze im Wasserbad erwärmen, bis alle Rohstoffe flüssig sind. Dann vom Herd nehmen.
2. Die Sheabutter, das Kokos- und das Avocadoöl hinzufügen und unter ständigem Rühren in dem noch warmen Gemisch schmelzen lassen.
3. Lassen Sie die Masse fünf Minuten abkühlen. Nun erst die ätherischen Öle zugeben.
4. Die noch flüssige Mischung in einen Tiegel abfüllen und bei offenem Deckel im Kühlschrank aushärten lassen.

Anwendung & Haltbarkeit:

- Das Produkt ist ungefähr sechs Monate haltbar.

Verwenden Sie statt Rasierschaum dieses natürliche Öl. Es pflegt Beine, Achseln und Bikinizone zart und trocknet die Haut nicht aus – juckende Schienbeine gehören damit der Vergangenheit an! Sofern Sie keine trockene oder empfindliche Haut haben, können Sie dem Shaving Oil mit ätherischen Ölen einen erfrischenden und belebenden Duft verpassen: Lavendel beruhigt die Haut, Minze und Teebaumöl wirken antiseptisch, beugen Entzündungen und eingewachsenen Härchen vor.

LAVENDER MINT

Shaving Oil

Zutaten für 120 ml:

90 ml Basisöl, z. B. Sonnenblumen- oder Rapsöl

1 EL pflanzliches Glyzerin

1 EL Aloe-Vera-Gel

2,5 ml (½ TL) Vitamin E

ÄTHERISCHE ÖLE:

3 Tropfen Lavendel

3 Tropfen Pfefferminze

2 Tropfen Teebaumöl

Zubereitung:

1. Geben Sie alle Zutaten in eine kleine Schüssel.
2. Vitamin E hinzufügen und alles gut durchmischen.
3. Die Mixtur mit einem kleinen Trichter in einen Pumpspender oder eine Flasche füllen.

Anwendung & Haltbarkeit:

- Auf die nasse Haut auftragen, rasieren, fertig!
- Trocknen Sie die Beine nur vorsichtig ab, damit das Öl auf der Haut bleibt und einziehen kann.
- Vorsicht beim Verlassen der Dusche oder Badewanne: Das Öl macht die Oberfläche rutschiger!
- Vitamin E hält das Produkt sechs Monate stabil.

WISSEN

TEEBAUMÖL

Das ätherische Öl aus den Blättern des Australischen Teebaumes darf heute in fast keiner Hausapotheke mehr fehlen. Schließlich sagt das potente Gemisch aus 100 verschiedenen Substanzen Bakterien, Viren und Pilzen effektiv den Kampf an. Schon die Aborigines wussten diese antimikrobielle Wirkung zur Behandlung von Wunden, Hautinfektionen, Entzündungen und Erkältungen zu nutzen. In der Kosmetik wird Teebaumöl vor allem in reinigenden Produkten verwendet. Wegen seiner desinfizierenden, aber auch leicht austrocknenden Eigenschaften ist es besonders zur Pflege fettiger und unreiner Haut geeignet. Auch Akne und Schuppenflechte lassen sich damit bekämpfen. Doch Vorsicht: Die hochwirksamen Inhaltsstoffe sind nicht ganz ungefährlich. Tragen Sie Teebaumöl nie unverdünnt auf, das würde die Haut stark reizen. Zudem entstehen im Öl unter dem Einfluss von Licht und Sauerstoff Verbindungen, die bei Kontakt mit der Haut allergische Reaktionen auslösen können. Je älter das Öl und je länger die Flasche geöffnet ist, desto größer ist die Gefahr. Darum nur kleine Mengen besorgen und diese lichtgeschützt aufbewahren.

Machen Sie Ihre Füße bereit für den Sommer! Raue, rissige Haut an den Fersen hat keine Chance gegen diesen kraftvollen Scrub aus Meersalz, Kokosöl und ätherischen Ölen. Ein warmes Fußbad zuvor und das richtige Pflegebalm danach vervollständigen das Rundum-Verwöhnprogramm für Ihre Füße.

FOOT SCRUB

hilft zuverlässig bei rauer, rissiger Haut an den Füßen

Zutaten für 120 g:

50 g feines Meersalz
15 g (1 EL) grobes Meersalz
15 g (1 EL) Kaisernatron
40 g (2 EL) Kokosöl

ÄTHERISCHE ÖLE:

15 Tropfen Limette
10 Tropfen Pfefferminze
5 Tropfen Salbei

OPTIONAL:

½ TL getrocknete Kräuter, z. B. Thymian oder Rosmarin

Zubereitung:

1. Meersalz, Natron und Kokosöl in eine Schüssel geben und gut miteinander vermengen.
2. Die getrockneten Kräuter im Mörser zerkleinern, der Masse hinzufügen und gleichmäßig unterrühren.
3. Zuletzt die ätherischen Öle beimischen.
4. Den Scrub in einen Tiegel abfüllen.

Anwendung & Haltbarkeit:

- Reiben Sie Ihre Füße in der Badewanne oder Dusche gut mit dem Scrub ab. Widmen Sie sich dabei besonders ausführlich den rauen Stellen an den Ballen und an der Sohle.
- Danach die Füße mit warmem Wasser abspülen.
- Der Scrub ist sechs Monate haltbar.

TIPP

PERFEKT GEPFLEGTE FÜSSE

Nehmen Sie sich etwas Zeit, und gönnen Sie Ihren Füßen ein Rundum-Verwöhnprogramm:

- Beginnen Sie mit einem warmen Fußbad, das weicht die Haut auf und bereitet sie optimal auf den Scrub vor. Geben Sie dazu den Saft einer Zitrone mit zwei Esslöffeln Olivenöl in etwa fünf Liter warmes Wasser und baden Sie Ihre Füße 20 Minuten darin.
- Dann den Scrub anwenden.
- Zuletzt den Hand & Nail Balm (→ Seite 97) gründlich einmassieren, Socken überziehen und die reichhaltigen Pflanzenbuttern über Nacht einwirken lassen. Am nächsten Morgen sind Ihre Füße babyzart!

DETOX-DAY

Entgiftungskur für Körper und Seele

Helfen Sie dem Glow auf die Sprünge! Stress und ein nicht immer gesunder Lebenswandel bringen die großen Entgiftungsorgane und unsere Haut an die Grenzen ihrer Belastbarkeit. Wir fühlen uns müde, abgespannt und – ausgelaugt. Verzichten Sie darum einige Tage auf übersäuernde Lebensmittel. Detox als innere Reinigung bekämpft fahlen Teint, stärkt das Immunsystem und verhilft zu neuer Energie.

Das Gute daran: Für Detox müssen Sie nicht spezielle Saftkuren machen oder Spas aufsuchen. Mit etwas Disziplin und Durchhaltevermögen gelingt Ihnen die Entgiftungskur auch zu Hause. Die nachfolgenden Tipps sollen Ihnen buchstäblich Appetit auf mehr machen (→ Seite 103)!

EASY DETOX

Detox beginnt schon am Morgen: Verzichten Sie auf Muntermacher wie Kaffee oder schwarzen Tee, und verpassen Sie sich den nötigen Aufwach-Kick mit diesem ayurvedischen Rezept:

Ein Viertel Zitrone in warmes, nicht heißes Wasser pressen und auf nüchternen Magen trinken. Das entgiftet und regt die Verdauung an.

Kraft für den Tag gibt ein leckerer Smoothie. Die cremig-soften Powerdrinks aus dem Mixer sind pure Rohkost und als solche besonders reich an wertvollen Vitalstoffen. Eine Fülle von Vitaminen, Mineralien und Spurenelementen stärkt unser Immunsystem und steigert die Konzentration und Leistungsbereitschaft. Der hohe Gehalt an Ballaststoffen sorgt für eine gesunde Darmflora und eine geregelte Verdauung. Detox pur!

TIPP

POWER FÜR DIE HAUT

Beta-Carotine aus den Möhren, dazu Vitamin A und Folsäure aus Roter Bete und die hautklärende Wirkung von Ingwer – mit diesem Smoothie beginnt der Tag auch für Ihre Haut rosig:

- 150 g Ananas schälen, den Strunk entfernen und das Fruchtfleisch in grobe Stücke schneiden.
- Anschließend 150 g Gurke, 80 g Rote Bete und einen Apfel ungeschält klein schneiden.
- Nun noch ein etwa 3 cm langes Stück Ingwer schälen und grob würfeln.
- Gurke, Rote Bete und Apfelstücke mit 50 ml Möhrensaft und dem Saft einer Orange fein pürieren. Dann Ananas und Ingwer hinzufügen und alles noch einmal gut durchmixen.
- Den Smoothie (circa 350 ml) in ein Glas gießen, 1 TL Rapsöl unterrühren und genießen!

Detox bedeutet Verzicht auf übersäuernde Lebensmittel wie Fleisch, Käse, Milch und Weißmehl. Wie Sie sich dennoch ein leckeres Essen zubereiten können, verraten folgende Rezepte:

Detox und Anti-Aging in einem! Kürbis ist reich an Kalium, das entwässernd wirkt. Das Vitamin E aus Kernen und Öl fängt schädliche Oxidantien ab und beugt so frühzeitiger Hautalterung vor.

KÜRBISSUPPE

mit Estragon und Kürbiskernen

Zutaten für zwei Portionen:

½ Hokkaido-Kürbis / 1 rote Zwiebel / 1 Frühlingszwiebel / 2 EL Kürbiskernöl / 600 ml Sojadrink / 10 g Kürbiskerne / 2 Zweige Estragon / Salz, Pfeffer

Zubereitung:

Kürbis waschen, entkernen und klein schneiden. Die Zwiebel schälen und würfeln, die Frühlingszwiebel putzen, waschen und in Ringe schneiden. Kürbisstücke und Zwiebelwürfel in heißem Öl anbraten, Frühlingszwiebel zugeben und noch ca. 2 Min. anschwitzen. Den Sojadrink zugießen und alles 20 Min. köcheln lassen. Immer wieder umrühren. Die Kerne ohne Öl anrösten, den Estragon waschen, die Blättchen abzupfen. Die Suppe pürieren, abschmecken und mit Kernen und Estragon garnieren.

Dieses leichte Gericht mit vielen frischen Zutaten belastet Ihren Organismus gewiss nicht! Wertvolle Vitalstoffe aus Zucchini bringen neben der Verdauung auch den Hautstoffwechsel in Schwung.

RATATOUILLE

mit Rucola

Zutaten für zwei Portionen:

1 Zucchini / 1 Aubergine / je 1 rote und gelbe Paprikaschote / 3 Tomaten / 1 Handvoll Rucola / 1 Zwiebel / 1 Knoblauchzehe / 2 EL Olivenöl / je 1 Zweig Rosmarin und Thymian / 1 Lorbeerblatt / Salz, Pfeffer

Zubereitung:

Das Gemüse waschen, putzen und grob würfeln, die Tomaten vierteln und vom Stielansatz befreien. Rucola, Rosmarin und Thymian waschen, trocken schütteln. Zwiebel und Knoblauch schälen, würfeln und im heißen Öl anbraten. Gehackte Kräuter und Lorbeer hinzufügen, kurz anschwitzen. Gemüse bis auf den Rucola zugeben. Etwa 100 ml Wasser angießen und alles 15 min lang schmoren. Das Ratatouille abschmecken und mit Rucola garniert servieren.

BAD UND WELLNESS

entspannen und genießen

Baderituale gehören bereits seit der Antike zu unserem Kulturgut. Dabei geht es um viel mehr als nur um Hygiene – ein warmes Bad oder eine Dusche nach einem harten Tag reinigen nicht nur unseren Körper, sondern auch die Seele. Das heiße Wasser lockert verspannte Muskeln, fördert die Durchblutung und lässt unseren Geist zur Ruhe kommen.

Auch in den meisten Religionen spielen rituelle Bäder und Waschungen eine zentrale Rolle, denken Sie nur an die Taufe! Mit Wasser assoziieren wir eine spirituelle Reinigung oder einen Neuanfang. Aktuelle Studien haben erwiesen, dass die Reinigung mit warmem Wasser auch einen tief greifenden Effekt auf unsere Psyche haben kann. Sie hilft uns, Zweifel, Bedenken und negative Gefühle sprichwörtlich abzuwaschen. Probieren Sie es aus! Und haben Sie kein schlechtes Gewissen, wenn Sie sich mehrmals pro Woche Zeit für Ihr ganz persönliches Baderitual nehmen – Sie tun sich und Ihrem Umfeld einen Gefallen! Geben Sie dem Wasser dann noch hochwertige ätherische Öle bei, können Sie zusätzlich für eine Steigerung Ihres Wohlbefindens sorgen.

AROMATHERAPIE

Dass die feinen Aromen ätherischer Öle Körper und Geist positiv beeinflussen können, ist im wahrsten Sinne des Wortes altbekannt. Schon in der Antike wussten Ägypter, Griechen und Römer aus verschiedenen Pflanzen ätherische Öle zu gewinnen und stellten daraus heilende Salben und Duftkerzen her. Noch weiter zurück reicht der Einsatz von Räucherwerk zu rituellen, aber auch therapeutischen Zwecken. Doch wie genau können Düfte ihre Wirkung entfalten?

DIE NASE BESTIMMT MIT

Düfte beeinflussen uns sowohl bewusst als auch unbewusst. Treffen sie auf die Riechschleimhaut in unserer Nase, erzeugen sie dort einen Sinnesreiz, der über den Riechnerv direkt an das Gehirn weitergeleitet wird. Zentrale Schaltstelle ist hier der sogenannte Riechkolben. Dieser gibt die Informationen auf verschiedenen Wegen weiter:

- Die bewusste Wahrnehmung, also das Erkennen des Geruchs, erfolgt in der Riechrinde, einem bestimmten Areal der Großhirnrinde.
- Gleichzeitig gehen Informationen an das limbische System, Sitz unserer Emotionen. Völlig unbewusst und unkontrolliert erzeugt der jeweilige Duft dort ein bestimmtes Gefühl und nimmt so Einfluss auf unsere Stimmungslage.
- Düfte wecken Erinnerungen. Ob angenehme, unerfreuliche oder gefahrvolle (Brandgeruch!) entscheidet der Hippocampus, gleichfalls eine

Ein heißes Bad entspannt die Muskeln und wäscht den Alltagsstress von der Seele.

Holen Sie sich Ihr persönliches Spa nach Hause!

Struktur des limbischen Systems und das zuverlässige Gedächtnis von Geruchseindrücken.

Kein Wunder, dass jeder Mensch den Duft einer Rose anders empfindet. Denn neben der reinen Geruchserkennung macht eine Vielzahl von Gefühlen und Erinnerungen den persönlichen Sinneseindruck aus. Dennoch lassen sich vielen Düften auch allgemeingültige Wirkungen auf die Psyche zuordnen (→ Seite 122).

FÜR DIE HAUSAPOTHEKE

Weitere Wirkungen der Powerstoffe sind:

- Ätherische Öle schützen die Pflanze vor Schädlingen und Krankheitserregern. Dieser Effekt kommt auch uns zugute. Verdünnt auf die Haut aufgetragen, wirken die Öle von Bergamotte, Kamille oder Lavendel antiseptisch, entzündungshemmend und wundheilungsfördernd.
- Als krampflösend gelten vor allem Lavendel, Melisse und Ylang Ylang. In Duftlampen, Salben oder Dampfbädern eingesetzt, helfen sie gegen Kopfschmerzen, Migräne und Menstruationsbeschwerden. Sehr beliebt auch in Massageölen zur Anwendung bei Muskelverspannungen.
- Hautpflegeprodukte mit den Ölen von Geranie, Jasmin oder Weihrauch wirken hautberuhigend, lindern Rötungen und Juckreiz. Solche mit Minze oder Rosmarin hingegen reizen die Haut, fördern dadurch aber die Durchblutung und kurbeln die Wundheilung an.

Verwandeln Sie Ihr Bad in ein luxuriöses Home-Spa! Dieses Öl pflegt und umschmeichelt Ihren Körper schon beim Baden. Selbst bei trockener oder empfindlicher Haut kann so ein längerer Aufenthalt in der Wanne nicht schaden. Die harmonische Komposition von ätherischen Ölen beruhigt Ihren Geist und hilft abzuschalten.

PEACE OF MIND

Bath Oil

Zutaten für circa 100 ml:

100 ml Basisöl, z. B. Mandel-, Oliven- oder Sonnenblumenöl

2,5 ml (½ TL) Vitamin E

ÄTHERISCHE ÖLE:

10 Tropfen Orange

1 Tropfen Ylang Ylang

1 Tropfen Lavendel

1 Tropfen Patchouli

1 Tropfen Vetiver

OPTIONAL:

10 ml Lysolecithin

Zubereitung:

1. Das Basisöl, die ätherischen Öle und das Vitamin E in einem kleinen Topf auf 40 Grad erwärmen. Dadurch wird die Konsistenz etwas dünnflüssiger.
2. In einem zweiten Topf das Lysolecithin ebenfalls auf 40 Grad erwärmen. Bei gleicher Temperatur lassen sich beide Bestandteile leichter vermischen.
3. Das Lysolecithin zu den Ölen geben und gut unterrühren. Alles in eine Flasche abfüllen.

Anwendung & Haltbarkeit:

- Geben Sie vier Esslöffel des Öls in Ihr Vollbad.
- Das Produkt ist sechs Monate haltbar.

WISSEN

EXOTISCHE DÜFTE

Patchouli aus den Blättern des malaysischen Halbstrauches hilft äußerlich angewendet gegen Pilze, Bakterien und Viren und fördert die Wundheilung. Der exotische Duft wirkt antidepressiv und erotisierend. **Vetiver** stammt aus Wurzeln von Süßgras. Es stärkt die Haut, lindert Reizungen, entspannt und regeneriert.

Auf die gleiche Temperatur gebracht lässt sich der Emulgator Lysolecithin besser mit den sonstigen Zutaten vermischen.

Das sogenannte »Epsom Salt«, auch als Bittersalz bezeichnet, ist ein echter Detox-Geheimtipp! Es hilft dem Körper, wichtige Mineralstoffe aufzunehmen, und unterstützt damit die Schilddrüsenfunktion. Da es zudem entschlackend und entwässernd wirkt, schwören Celebrities vor großen Red-Carpet-Auftritten auf Epsom-Salt-Bäder. Das gleichfalls enthaltene Magnesium lockert verspannte Muskeln und trägt so zu einem erholsamen Schönheitsschlaf bei.

DETOX BATH SALTS

Easy Detox – in der Badewanne

Zutaten für 200 g:

100 g Epsom Salt bzw. Bittersalz

100 g feines Meersalz oder Himalayasalz in Zartrosa

½ TL Natron

ÄTHERISCHE ÖLE:

15 Tropfen Grapefruit

10 Tropfen Orange

5 Tropfen Rosmarin

5 Tropfen Fichte

OPTIONAL:

Zitruszesten, getrocknete Kräuter oder Blütenblätter zur Dekoration

Zubereitung:

1. Das Epsom Salt in einer Schüssel mit Salz und Natron mischen. Wenn Sie möchten, fügen Sie nun auch das Dekorationsmaterial hinzu.
2. Anschließend die ätherischen Öle zugeben. Alles so lange kräftig verrühren, bis sich das Salz und das Öl miteinander verbunden haben.
3. Das Badesalz in einen Tiegel abfüllen und bei offenem Deckel etwa 12 Stunden trocknen lassen.

Anwendung:

- Zwei Handvoll Bath Salts im warmen Badewasser auflösen, zurücklehnen und entspannen!
- Auf frische Zutaten haben wir hier verzichtet. Darum ist das Badesalz bis zu sechs Monate haltbar.

1. Den Emulgator auf die gleiche Temperatur wie die Butter-Öl-Mischung bringen, dann unterrühren.
2. Die Masse sofort in kleine Silikonförmchen abfüllen, dann zum Abkühlen ins Gefrierfach stellen.
3. Nach etwa zwei Stunden können Sie die Pralinen vorsichtig aus der Form lösen. Über Nacht aushärten lassen.

100 % Luxus, 0 Kalorien – diese sinnlichen Badepralinen machen ein ganz gewöhnliches Vollbad zur Wellness-Behandlung. Kakaobutter und Kokosöl sorgen für reichhaltige Pflege, das Eincremen nach dem Bad ist somit nicht mehr nötig. Die exotische Mischung ätherischer Öle ist zusätzlicher Balsam für Geist und Sinne. Purer Genuss also – ganz ohne schlechtes Gewissen!

BADEPRALINE

sinnlich und verführerisch

Zutaten für circa 10 Pralinen:

100 g Kakaobutter

25 g Kokosöl

10 ml Macadamiaöl

ÄTHERISCHE ÖLE:

20 Tropfen Rose, Ylang Ylang, Mandarine, Patchouli

OPTIONAL:

12 g Lysolecithin (pflanzlicher Emulgator)

EQUIPMENT:

kleine Silikonförmchen, z. B. für Eiswürfel, Pralinen oder Cake Pops

Zubereitung:

1. Kakaobutter, Kokosöl bei geringer Hitze schmelzen, Macadamiaöl hinzufügen. Mit einem Küchenthermometer die Temperatur der Masse bestimmen.
2. Soll sich die Badepraline später besser im Wasser verteilen, empfiehlt es sich, in einem zweiten Topf das Lysolecithin auf die gleiche Temperatur zu erwärmen und dann unter die Pflanzenbuttern zu rühren.
3. Hat das Gemisch etwa Handwärme, können Sie auch die ätherischen Öle hinzufügen.
4. Die Masse in Silikonförmchen füllen und mehrere Stunden im Gefrierfach auskühlen lassen.
5. Dann vorsichtig aus der Form lösen und über Nacht aushärten lassen.
6. Füllen Sie die Pralinen in ein hübsches Glas mit Schraubverschluss oder eine dekorative Schachtel. So kann sich darauf kein Staub ablagern.

Anwendung & Haltbarkeit:

- Eine Praline reicht für ein Vollbad. Einfach in das heiße Wasser geben und schmelzen lassen.
- Innerhalb von sechs Monaten aufbrauchen.

TIPP

DIE RICHTIGE DEKO

Badepralinen aus dem Handel sind oftmals mit getrockneten Lavendel- oder Rosenblättern dekoriert. Trocken sieht das sehr hübsch aus, im heißen Wasser werden die Blätter allerdings braun, weich und kleben durch die Öle hartnäckig am Körper – nicht sehr sexy! Besser geeignet sind ein kurzer Kräuterzweig, eine einzelne kleine Rosenblüte oder ein Stück getrocknete Zitrusschale – die lassen sich einfach aus dem Wasser fischen, sobald die Badepraline geschmolzen ist.

Massagebars sehen toll aus und sind eine handliche Alternative zu normalen Ölen. Sie hinterlassen ein angenehmes Hautgefühl und geben mit der entsprechenden Dekoration ein perfektes Geschenk ab! Sheabutter und Aprikosenkernöl pflegen die Haut babyzart, die Mischung aus ätherischen Ölen fördert die Durchblutung, sorgt für Entspannung und hebt Ihre Stimmung.

MASSAGEBAR

pure Aromatherapie

Zutaten für 90 g:

30 g Sheabutter

30 ml Aprikosenkernöl

30 g Bienenwachs, als vegane Alternative Jojobawachs

ÄTHERISCHE ÖLE:

je 5 Tropfen Bitterorange, Mandarine rot, Geranie und Wacholder

EQUIPMENT:

kleine Silikonförmchen

Zubereitung:

1. Sheabutter, Aprikosenkernöl und Bienenwachs bei niedriger Temperatur und unter ständigem Rühren im Wasserbad schmelzen, bis alles komplett flüssig ist.
2. Die Masse auf Handwärme abkühlen lassen, dabei weiterhin rühren. Dann die ätherischen Öle zugeben.
3. Die flüssige Mischung in die Förmchen gießen und für circa drei Stunden in den Gefrierschrank stellen.
4. Massagebars aus der Form lösen und verpacken.

Anwendung und Haltbarkeit:

- Streichen Sie mit dem Massagebar sanft über Ihre Haut oder die Ihres Partners. Die Öle und Buttern schmelzen bei Hautkontakt. Nach Bad oder Dusche können Sie so auf eine Bodylotion verzichten.
- Damit sich kein Staub auf dem Massagebar absetzt, geben Sie ihn am besten in eine hübsche Dose oder in eine dekorative Papiertüte.
- Das Produkt ist sechs Monate haltbar.

TIPP

NOCH MEHR MASSAGE

Sie können auch Kaffeebohnen, rote Azuki-Bohnen oder schwarze Bohnen auf den Boden der Silikonförmchen geben. Das verstärkt den Massageeffekt!

Massagebars sind spielend leicht herzustellen und eine perfekte Geschenkidee. Besonders, wenn die Anwendung inbegriffen ist!

So wird Pflege zum puren Genuss: Die Öle und Buttern schmelzen bei Körperkontakt, verschiedene Bohnen sorgen für den besonderen »Massage-Kick«.

Zu viele Termine, zu wenig Zeit: Der Alltag hält manchmal so viele Herausforderungen für uns bereit, dass wir etwas Unterstützung brauchen, um alles bewältigen zu können. SOS Balms sind kleine, diskrete Helfer, die durch ihre ätherischen Öle beruhigen, erden und neue Energie spenden. Tragen Sie das Balm am besten immer in Ihrer Tasche – an hektischen Tagen kann es Ihnen helfen, das Tempo zu verlangsamen und Entspannung zu finden.

SOS BALM

effektive Hilfe an stressigen Tagen

Zutaten für circa 15 g:

ZUR BERUHIGUNG:

4 g Bienenwachs

10 g Jojobaöl

8 Tropfen ätherisches Öl: Orange, Mandarine rot, Rose oder Lavendel

FÜR EINEN KLAREN KOPF:

4 g Bienenwachs

10 g Jojobaöl

8 Tropfen ätherisches Öl: Minze, Eukalyptus, Zitrone

Zubereitung:

1. Bienenwachs in einem kleinen Topf bei geringer Wärmezufuhr schmelzen. Jojobaöl hinzufügen und alles unter Rühren auf Handwärme abkühlen lassen.
2. Bevor das Balm fest wird, die ätherischen Öle zugeben und sorgfältig unterrühren. In einen Tiegel abfüllen und bei offenem Deckel aushärten lassen.

Anwendung & Haltbarkeit:

- Etwas Balm an den Schläfen, der Innenfläche des Handgelenks oder im Nacken auftragen.
- Das Produkt ist mindestens sechs Monate haltbar.

TIPP

KURZE ZWISCHENSTOPPS

Wenn Stress und Hektik im Alltag überhandnehmen, kann Ihnen eine der folgenden Übungen helfen, für eine Weile innezuhalten und ruhiger zu werden:

Achtsamkeitsübung Wählen Sie einen Gegenstand, den Sie im Alltag mindestens einmal berühren. Das kann der Schlüssel zu Ihrem Haus sein oder ein bestimmter Stift an Ihrem Arbeitsplatz. Wann immer Sie dieses Objekt in die Hand nehmen, spüren Sie bewusst in sich hinein, wie es sich genau anfühlt. Indem Sie sich ganz darauf konzentrieren, verbannen Sie für einen kleinen Moment alle anderen Gedanken aus dem Kopf und gönnen Ihrem Geist eine Pause.

Yogastellung »Der Berg« Mit dieser einfachen Übung signalisieren Sie dem Unterbewusstsein, dass Sie nichts erschüttern kann. Stellen Sie sich dazu aufrecht auf den Boden, die Beine hüftbreit auseinander. Achten Sie darauf, weder ins Hohlkreuz zu gehen, noch die Schultern hängen zu lassen. Richten Sie Ihren Blick nach vorne, und stellen Sie sich vor, dass Ihr Körper ein mächtiger Berg ist, solide und fest mit der Erde verbunden. Der Gipfel, Ihr Kopf, ragt über die Wolken und ist frei von unnötigen Gedanken und Sorgen.

Sprühen Sie den Pillow Mist abends etwa eine Stunde vor dem Zubettgehen auf Ihre Kissen, damit die ätherischen Öle ihre Wirkung auch richtig entfalten können.

Ausreichend und vor allem tiefer Schlaf ist das Beauty-Elixier schlechthin. Der Körper ist in dieser Ruhephase alles andere als untätig: Er repariert Zellen und Organe und verarbeitet vielfältige Sinneseindrücke. Nicht immer fällt es jedoch leicht, vom Alltag abzuschalten. Versuchen Sie es mit dieser Mixtur: Die wertvollen Öle von Lavendel, Kamille und Mandarine beruhigen den Geist, heben die Stimmung und schenken uns einen ruhigen und erholsamen Schlaf.

BEAUTY SLEEP

Pillow Mist

Zutaten für circa 50 ml:

15 ml destilliertes Wasser

35 ml Alkohol, 95 %ig (Weingeist)

ÄTHERISCHE ÖLE:

25 Tropfen Mandarine rot

20 Tropfen Lavendel

8 Tropfen Kamille

Zubereitung:

1. Füllen Sie Wasser, Weingeist und die ätherischen Öle mit einem kleinen Trichter in eine Sprühflasche.
2. Dann alles gut durchschütteln.

Anwendung und Haltbarkeit:

- Die Mischung vor jeder Anwendung schütteln, damit Öl und Wasser sich miteinander vermischen.
- Sprühen Sie den Pillow Mist vor dem Zubettgehen aus etwa 30 cm Entfernung auf Ihr Kissen.
- Auch wenn Ihnen der Duft anfangs zu schwach erscheint: Fügen Sie nicht gleich mehr ätherisches Öl hinzu. Die Aromen werden mit der Zeit intensiver.
- Dunkel und kühl aufbewahrt, können Sie Ihren Beauty Sleep Pillow Mist zwölf Monate verwenden.

WISSEN

LERNEN IM SCHLAF

Im Wachzustand ist unser Gehirn vollauf damit beschäftigt, akut einströmende Reize zu verarbeiten. Erst im Schlaf findet es Zeit, neue Informationen langfristig abzuspeichern. Doch nicht nur das: Diese werden dabei auch neu geordnet und mit älteren Erfahrungen abgeglichen und sinnvoll verknüpft. Sollten Sie also einmal eine schwierige Entscheidung zu treffen haben, so hören Sie auf den Volksmund und »schlafen Sie eine Nacht drüber«. Am Morgen werden Sie ganz von alleine wissen, was zu tun ist!

Stöbern Sie in Antiquitätenläden nach alten Parfumflaschen mit Pumpspender. Darin wird Ihr Pillow Mist auch zur Deko!

GLOSSAR

AMINOSÄUREN

Aminosäuren sind die Grundbausteine von Proteinen und damit am Aufbau wichtiger Körperstrukturen (Gewebe, Organe, Haut, Haare) sowie an der Regulation von Stoffwechselprozessen beteiligt. Aufgrund ihrer chemischen Struktur binden sie Feuchtigkeit, zudem bilden sie einen natürlichen Schutz gegen freie Radikale.

ANTIOXIDANTIEN

Antioxidantien können freie Radikale neutralisieren. Letztere verursachen biochemische Reaktionen im Körper, die unter anderem zu Schäden der Haut und zur Hautalterung führen können. Somit sind Antioxidantien für das straffe, jugendliche Aussehen der Haut unverzichtbar.

ÄTHERISCHE ÖLE

Ätherische Öle sind hoch konzentrierte, pflanzliche Inhaltsstoffe aus Früchten, Blüten, Blättern, Wurzeln, Harzen oder Holzen. Tragen Sie diese daher nur in verdünnter Form auf die Haut auf. Zudem sind die Extrakte stark flüchtig, weshalb sie in der Regel erst während der Abkühlphase zu einer Rezeptur hinzugefügt werden.

BASISÖLE

Basisöle als Grundlage der meisten Rezepturen werden aus Pflanzen gewonnen und sind reich an hochwertigen Inhaltsstoffen wie essenziellen Fettsäuren und Vitaminen. Sie helfen, die empfindlichen Wirkstofföle zu stabilisieren oder die stark wirksamen ätherischen Öle zu verdünnen.

BLÜTENWASSER (HYDROLAT)

Blütenwasser, auch Hydrolate genannt, fallen als Nebenprodukt bei der Wasserdampfdestillation von Pflanzen an. Sie stellen das Kondensat dar, das sich nach Abkühlung des Destillationsdampfes niederschlägt. Neben einem geringen Teil ätherischer Öle sind darin insbesondere die wasserlöslichen Inhaltsstoffe der jeweiligen Pflanzen enthalten. In der Hautpflege lassen sie sich pur als Gesichtswasser anwenden oder dienen als Grundlage für Cremes und Lotionen.

DESTILLIERTES WASSER

Destilliertes Wasser ist frei von Keimen und Verunreinigungen und daher optimal zur Herstellung von Kosmetik geeignet. Leitungswasser muss erst gefiltert und abgekocht werden. Alternativ können Sie ein Hydrolat verwenden oder Quellwasser, das für Babynahrung geeignet ist.

EMULGATOREN

Emulgatoren sind Wirkstoffe, mit deren Hilfe sich Öl und Wasser zu einer gleichmäßigen cremigen Masse vermischen lassen. Bienenwachs, Milch und Honig haben von Natur aus emulgierende Eigenschaften, allerdings reichen diese für unsere Cremes teilweise nicht aus. Dann verwenden wir Lysolecithin oder Lamecreme, zwei rein pflanzliche Emulgatoren.

EMULSION

Emulsion steht für eine Mischung aus zwei Flüssigkeiten, in der Kosmetik meistens Wasser und Öl, die sich normalerweise nicht miteinander verbinden. Damit dies dennoch gelingt, müssen Sie einen Emulgator verwenden.

ESSENZIELLE FETTSÄUREN

Essenzielle Fettsäuren braucht der menschliche Körper zum Überleben, kann sie aber selbst nicht herstellen. Distel-, Traubenkern- oder Sonnenblumenöl sind zum Beispiel besonders reich an Linol- bzw. Linolensäure. In kosmetischen Produkten finden essenzielle Fettsäuren insbesondere in Cremes oder Lotionen für trockene, raue und empfindliche Haut Anwendung.

FREIE RADIKALE

Freie Radikale sind sauerstoffhaltige Moleküle, denen ein Elektron fehlt. Das macht sie instabil und hoch reaktiv. Zur Komplettierung ihrer chemischen Struktur suchen sie nach einem passenden Elektron, das sie einem intakten Molekül entreißen. Diesen Vorgang bezeichnet man als Oxidation. Da hierbei wiederum eine Verbindung mit unvollständiger Elektronenzahl entsteht, setzt sich der Prozess in einer Kettenreaktion fort. Dabei kommt es zu Schäden an den Zellen, deren DNA, Proteinen und Lipiden. Antioxidantien sind in der Lage, diese Kettenreaktion zu unterbrechen und die Zellen zu schützen. Freie Radikale entstehen unter natürlichen Bedingungen bei der Energiegewinnung in den Zellen. Chemische und physikalische Einflüsse von außen, wie beispielsweise UV-Strahlung, Umweltbelastungen oder Zigarettenrauch, lassen jedoch deutlich mehr dieser hoch reaktiven Verbindungen entstehen, der Körper gerät deshalb unter oxidativen Stress. Neben anderen weit reichenden Folgen gilt dieser als hauptsächlicher Verursacher der Hautalterung.

KOLLAGEN

Kollagen ist ein Struktureiweiß, das sich besonders im Bindegewebe der Haut findet. Zusammen mit Elastin, einem weiteren Strukturprotein, bildet es ein Fasernetz und verleiht der Haut auf diese Weise Festigkeit und Elastizität. Der Körper bildet zwar täglich neues Kollagen, allerdings nimmt die Kapazität hierzu im Laufe der Jahre ab. Somit entstehen Falten.

KONSERVIERUNGSMITTEL

Konservierungsstoffe sorgen für eine längere Frische und Haltbarkeit von Lebensmitteln, Kosmetika und Arzneimitteln. Sie kommen immer dann zum Einsatz, wenn physikalische Methoden, wie Erhitzen, einen Verderb durch Mikroorganismen nicht sicher verhindern können. Da einige Substanzen unter Verdacht stehen Allergien oder sogar Krebs auszulösen, sind Konservierungsmittel in den letzten Jahren zunehmend in Verruf geraten. Falls überhaupt notwendig, verwende ich daher in meinen Rezepten ausschließlich Stoffe auf natürlicher Basis.

SÄURESCHUTZMANTEL

Die äußerste Schicht der Haut wird durch einen dünnen Wasser-Fett-Film überzogen, der sich aus Schweiß (vor allem Milchsäure und Aminosäuren), Talg (freie Fettsäuren) und Bestandteilen der Hornzellen (verschiedene Eiweiße und damit Aminosäuren) zusammensetzt. Aufgrund ihrer Bestandteile ist es nicht allzu verwunderlich, dass diese dünne Schicht an der Hautoberfläche für ein saures Milieu sorgt. Zunächst ging man davon aus, dass allein dadurch ein gewisser Schutz vor einer Besiedelung der Haut durch unerwünschte Keime und anderen schädlichen Einwirkungen besteht, was sich in der Bezeichnung "Säureschutzmantel der Haut" niederschlägt. Neuere Untersuchungen führten jedoch zu differenzierteren Ergebnissen: So ist das saure Milieu vor allem bedeutend für die Produktion der hauteigenen Lipide, die dann im Verbund mit den Hornzellen erst die eigentliche Barriere gegenüber äußeren Einflüssen bilden.

VITAMINE

Sie zählen zu den wichtigsten Nährstoffen für die Haut und sind für den Aufbau von Zellen unverzichtbar. Jedes Vitamin hat eine andere Wirkung und erfüllt eine ganz bestimmte Aufgabe. Da der Organismus diese Verbindungen nicht oder in nicht ausreichendem Maße bilden kann, müssen sie regelmäßig und bedarfsdeckend über die Nahrung zugeführt werden. Vitamine greifen in den Stoffwechsel ein und unterstützen zahlreiche Körper- und Schutzfunktionen.

ÜBERSICHT DER VERWENDETEN ZUTATEN MIT BEZUGSQUELLEN

ZUTAT	WIRKSTOFFGRUPPE	REZEPTUREN	BEZUGSQUELLE
ätherische Öle	ätherische Öle	→ Seite 122 – 123	ein guter Hersteller ist Primavera, erhältlich in größeren Biomärkten, Reformhäusern, Apotheken, Webshops
Aloe-Vera-Gel	Feuchtigkeitsspender (→ S. 30)	→ Seite 44, 56, 71, 98	Reformhaus, Apotheke, Webshops
Amaranth	exfolierend	→ Seite 48	Biomarkt, Reformhaus
Aprikosenkernöl	Basisöl (→ S. 24)	→ Seite 43, 47, 56, 65, 77, 90, 112	gut sortierte Supermärkte, Biomarkt, Reformhaus, Webshops
Avocadoöl	Basisöl (→ S. 24)	→ Seite 97	gut sortierte Supermärkte, Biomarkt, Reformhaus, Webshops
Bentonit	Tonerde (→ S. 30)	→ Seite 55, 58	Apotheke
Bienenwachs	Konsistenzgeber (→ Seite 28)	→ Seite 66, 73, 74, 77, 94, 97, 112, 115	Imker, Apotheke, Webshops
Bittersalz	Detox-Mittel	→ Seite 109	Apotheke
Carnaubawachs	Konsistenzgeber (→ Seite 28)	→ Seite 97	Webshops
Distelöl	Basisöl (→ S. 25)	→ Seite 71	gut sortierte Supermärkte, Biomarkt, Reformhaus, Webshops
Glyzerin	Feuchtigkeitsspender (→ S. 30)	→ Seite 44, 56, 61, 68, 71, 74, 84, 98	Apotheke, Webshops
Haferkleie	hautberuhigend, lindert Juckreiz, mindert Rötungen, hemmt Entzündungen, ihre Saponine halten die Haut geschmeidig	→ Seite 48, 61	Supermarkt, Reformhaus
Hamamelishydrolat	Hydrolat (→ S. 28)	→ Seite 44, 51, 71	größere Biomärkte, Apotheke, Webshops
Hanföl	Wirkstofföl (→ S. 26)	→ Seite 43	gut sortierte Supermärkte, Biomarkt, Reformhaus, Webshops
Honig	Feuchtigkeitsspender (→ S. 30)	→ Seite 55, 56, 58, 61, 62, 84	Imker, gut sortierte Supermärkte, Biomarkt, Reformhaus, Webshops
Jojobaöl	Basisöl (→ S. 25)	→ Seite 51, 66	Biomarkt, Reformhaus, Apotheke, Webshops
Kakaobutter	Konsistenzgeber (→ S. 28)	→ Seite 66, 68, 84, 90, 97, 111	Biomarkt, Reformhaus, Webshops
Kaolin	die reinste natürlich vorkommende Tonerde, weiß, eisenfrei, mild, für Babyhaut geeignet	→ Seite 56	Apotheke, Reformhaus, Webshops
Kokosöl	Basisöl (→ S. 25)	→ Seite 48, 62, 66, 73, 74, 77, 80, 93, 94, 97, 101, 111	gut sortierte Supermärkte, Biomarkt, Reformhaus, Webshops
Lamecreme	Emulgator (→ S. 30)	→ Seite 51, 71	Webshops
Lysolecithin	Emulgator (→ S. 30)	→ Seite 106, 111	Webshops
Macadamiaöl	Basisöl (→ S. 25, 88)	→ Seite 88	gut sortierte Supermärkte, Biomarkt, Reformhaus, Webshops
Maca-Pulver	Konsistenzgeber (→ S. 28, 48)	→ Seite 48	z. T. im Reformhaus, Webshops

ZUTAT	WIRKSTOFFGRUPPE	REZEPTUREN	BEZUGSQUELLE
Mandelöl	Basisöl (→ S. 25)	→ Seite 43	größere Biomärkte, Reformhaus, Apotheke, Webshops
Mangobutter	Konsistenzgeber (→ S. 30)	→ Seite 68, 97	Webshops
Manuka	Feuchtigkeitsspender (→ S. 30, 56)	→ Seite 55, 56, 58	Reformhaus, Webshops
Matcha	Antioxidans (→ S. 58)	→ Seite 58	Teeläden, Webshops
Meersalz	Peeling-Basis (→ S. 84), erhöht die Widerstandsfähigkeit der Haut, entschlackend, antibakteriell, entzündungshemmend, beseitigt Hautunreinheiten	→ Seite 80, 83, 101	gut sortierte Supermärkte, Biomarkt, Reformhaus
Nachtkerzenöl	Wirkstofföl (→ S. 26)	→ Seite 65, 68	größere Biomärkte, Reformhaus, Apotheke, Webshops
Natron	geruchsbindend, sprudelnd	→ Seite 52, 94, 101, 109	Supermärkte, Drogerie, Apotheke
Nerolihydrolat	Hydrolat (→ S. 28)	→ Seite 44	z. T. in Biomärkten und Apotheken, Webshops
Olivenöl	Basisöl (→ S. 25)	→ Seite 83, 97, 106	Supermärkte, Biomarkt, Reformhaus, Webshops
Pfefferminzhydrolat	Hydrolat	→ Seite 44, 87	z. T. in Biomärkten und Apotheken, Webshops
Pigmente	Farbstoffe	→ Seite 52, 74	Webshops
Plantapon	Waschsubstanz (→ S. 31)	→ Seite 87	Webshops
Rapsöl	Basisöl, zieht eher langsam ein, hinterlässt einen schützenden Fettfilm auf der Haut	→ Seite 98	Supermärkte, Biomarkt, Reformhaus, Webshops
Rizinusöl	Basisöl, zähflüssig, hinterlässt zarten Glanz auf der Haut, daher oft in Lippenpflege	→ Seite 43, 74	Apotheke, Webshops
Rosenhydrolat	Hydrolat (→ S. 28)	→ Seite 44, 47	z. T. in Biomärkten und Apotheken, Webshops
Salbeihydrolat	Hydrolat	→ Seite 44, 71, 87	z. T. in Biomärkten und Apotheken, Webshops
Sanddornfruchtfleischöl	Wirkstofföl, entzündungshemmend, zellregenerierend, reich an Antioxidantien und Vitaminen	→ Seite 65	Webshops
Sesamöl	Basisöl (→ S. 25)	→ Seite 58, 77, 83, 88	Supermärkte, Biomarkt, Reformhaus, Webshops
Sheabutter	Konsistenzgeber (→ S. 30)	→ Seite 65, 68, 73, 74, 77, 90, 93, 97, 111, 112	Apotheke, Webshops
Sonnenblumenöl	Basisöl	→ Seite 43, 80, 83, 84, 98, 106	Supermärkte, Biomarkt, Reformhaus, Webshops
Thymianhydrolat	Hydrolat	→ Seite 71, 87	z. T. in Biomärkten und Apotheken, Webshops
Tonerde (grün)	Tonerde (→ S. 30, 58)	→ Seite 55, 58, 83	z. T. in Apotheken oder im Reformhaus, Webshops
Traubenkernöl	Wirkstofföl, nicht fettend, zieht gut ein, lässt Wirkstoffe tief in die Haut eindringen, talgregulierend, feuchtigkeitsbewahrend, reich an Linolsäure und Antioxidantien	→ Seite 43, 55, 61, 71	Supermärkte, Biomarkt, Reformhaus, Webshops
Vitamin E	Konservierungsstoff (→ S. 31), wirkt zellregenerierend, feuchtigkeitsbewahrend	→ Seite 43, 47, 51, 58, 65, 66, 68, 71, 88, 98, 106	als Kapsel in Drogerie, Reformhaus, Apotheke, Webshops
Weingeist	Konservierungsstoff (→ S. 31)	→ Seite 51, 71, 87, 117	Apotheke, Webshops
Wildrosenöl	Wirkstofföl (→ S. 26)	→ Seite 65, 66, 68, 90, 88	größere Biomärkte, Reformhaus, Apotheke, Webshops
Xanthan transparent	Gelbildner (→ S. 31)	→ Seite 87	Webshops
Zitronensäure	Konservierungsstoff	→ Seite 52, 87	Apotheke, Webshops

ÜBERSICHT ÄTHERISCHE ÖLE

ÄTHERISCHES ÖL	HERKUNFT	WIRKUNG AUF DIE HAUT	WIRKUNG AUF DIE PSYCHE	REZEPTUREN
Basilikum	aus den Blättern der Gewürzpflanze	wirkt antiseptisch, aktiviert und unterstützt das Immunsystem → für alle Hauttypen geeignet	belebende Wirkung, stimuliert den Geist	→ Seite 87
Bergamotte	aus den Schalen der Bergamotte (Zitruspflanze)	wirkt keimtötend → bei unreiner, fettiger Haut und Akne	ausgleichend, gegen depressive Verstimmungen	→ Seite 83, 87, 90
Bitterorange	aus der Rinde des Bitterorangenbaumes	entfernt abgestorbene Hautzellen, regt den Zellstoffwechsel an, unterstützt die Entgiftung, fördert die Durchblutung, strafft die Haut → wirkt dem Alterungsprozess und Cellulite entgegen	beruhigend, lindert Angstzustände	→ Seite 93, 112
Eukalyptus	aus den Blättern des Eukalyptusbaumes	antibakteriell, kühlend, erfrischend, durchblutungsfördernd → bei unreiner, fettiger Haut und Akne	anregend, erfrischend, konzentrationsfördernd	→ Seite 93, 115
Geranie	aus den Blättern der Rosengeranie	reinigend, entzündungshemmend, zellregenerierend → beruhigt die Haut und lässt den Teint strahlen	entspannend, ausgleichend,gegen depressive Verstimmungen	→ Seite 43, 51, 90, 112
Grapefruit	aus den Schalen der Früchte	entzündungshemmend, durchblutungsfördernd, klärt und strafft die Haut → bei unreiner, fettiger Haut und Akne, beugt Cellulitis vor	erfrischend, belebend, schafft klare Gedanken	→ Seite 74, 84, 87, 88, 109
Ingwer	aus den Wurzeln der Ingwerpflanze	antibakteriell, entgiftend, durchblutungsfördernd, wärmend → für alle Hauttypen geeignet	anregend, euphorisierend, fördert die Entscheidungskraft,löst innere Blockaden	→ Seite 55, 80
Jasmin	aus den Blüten des Jasminstrauches	antiseptisch, hautberuhigend, entzündungshemmend → bei trockener, empfindlicher oder gereizter Haut	beruhigend, hebt die Stimmung, löst Blockaden, aphrodisierend	
Kamille	aus den Blüten der Kamille	entzündungshemmend, fördert die Wundheilung, zellregenerierend, regt den Hautstoffwechsel an, klärt die Haut → bei unreiner, fettiger, aber auch reifer Haut	stark beruhigend und ausgleichend	→ Seite 43, 77, 117
Karottensamenöl	aus den Samen der Karotte	reinigend, antiseptisch, festigt und strafft die Haut → bei unreiner, fettiger Haut und Akne, beugt der Hautalterung vor, mildert Pigmentflecken	entspannend, beruhigend, aphrodisierend	→ Seite 71
Lavendel	aus der gesamten Pflanze	antibakteriell, entzündungshemmend, durchblutungsfördernd, zellregenerierend → für alle Hauttypen geeignet, auch in der Schwangeren- und Babypflege einsetzbar	beruhigend, hebt die Stimmung, löst Ängste, schlaffördernd	→ Seite 43, 48, 52, 58, 68, 71, 77, 98, 106, 115, 117
Limette	aus den Schalen der Limette	hemmt die Schweißbildung, antiseptisch, adstringierend, strafft die Haut → bei unreiner, fettiger Haut und Akne, beugt Cellulite vor	aufmunternd, energiespendend	→ Seite 80, 94, 101

ÄTHERISCHES ÖL	HERKUNFT	WIRKUNG AUF DIE HAUT	WIRKUNG AUF DIE PSYCHE	REZEPTUREN
Mandarine	Das grüne Öl wird aus den Schalen der unreifen, das rote aus der Schale der reifen Früchte gewonnen.	antiseptisch, hautregulierend, strafft die Haut → bei unreiner, fettiger Haut und Akne, beugt Schwangerschaftsstreifen vor, v. a. rotes Öl hilft gegen Cellulite	aufmunternd, energiespendend, entspannend, löst Ängste	→ Seite 48, 51, 56, 65, 68, 97, 111, 112, 115, 117
Neroli	aus den Blüten des Bitterorangenbaums	antiseptisch, hautberuhigend, zellregenerierend → für alle Hauttypen geeignet, beugt Schwangerschaftsstreifen vor, gegen Hautalterung	vitalisierend, gegen depressive Verstimmungen	→ Seite 65, 68, 93
Orange	aus den Schalen reifer Orangen	reinigend, adstringierend, klärt und strafft die Haut → für alle Hauttypen geeignet, beugt Cellulitis vor, gegen Hautalterung	hebt die Stimmung, gegen depressive Verstimmungen, löst Ängste	→ Seite 52, 80, 87
Palmarosa	aus Stängeln, Blüten und Blättern des Grases	antiseptisch, talgregulierend, zellregenerierend → bei unreiner, fettiger Haut und Akne	beruhigend, entspannend	→ Seite 71
Pfefferminze	aus den Blättern der Pflanze	kühlend, antiseptisch, entzündungshemmend, durchblutungsfördernd, zellregenerierend → bei unreiner, fettiger Haut und Akne	belebend, konzentrationsfördernd, gibt Selbstvertrauen	→ Seite 43, 44, 55, 71, 73, 83, 84, 87, 94, 97, 98, 101, 115
Rosenöl	aus den Blütenblättern der Rose	antiseptisch, entzündungshemmend, zellregenerierend, glättet die Haut → für alle Hauttypen, gegen vorzeitige Hautalterung	harmonisierend, entspannend, gegen depressive Verstimmungen, sorgt für positive Gedanken	→ Seite 68
Rosmarin	aus dem blühenden Gewürzkraut	antiseptisch, entzündungshemmend, durchblutungsfördernd, zellregenerierend → bei unreiner, fettiger Haut und Akne	belebend, vitalisierend	→ Seite 43, 52, 83, 87, 88, 97, 109
Salbei	aus dem ganzen Gewürzkraut	stark antiseptisch, entzündungshemmend, adstringierend, talgregulierend, strafft die Haut → bei unreiner, fettiger Haut und Akne, beugt der Hautalterung vor, gegen Hautausschlag und Juckreiz	stark anregend, vertreibt Müdigkeit und Erschöpfung	→ Seite 94, 101
Teebaumöl	aus den Blättern des australischen Teebaums	stark antiseptisch, entzündungshemmend, adstringierend, talgregulierend, strafft die Haut → bei unreiner, fettiger Haut und Akne	anregend, stabilisierend, löst Ängste	→ Seite 43, 98
Wacholder	aus den getrockneten Beeren	stark antiseptisch, entzündungshemmend, entgiftend, strafft die Haut → bei unreiner, fettiger Haut und Akne, hilft gegen Cellulitis	beruhigend, kräftigend, konzentrationsfördernd	→ Seite 58, 88, 112
Weihrauch	aus dem Harz des Weihrauchbaumes	antiseptisch, entzündungshemmend, stark zellregenerierend → v. a. für reife, anspruchsvolle Haut	beruhigend, entspannend, gegen depressive Verstimmungen, weckt kreative Gedanken	→ Seite 43, 51, 65
Ylang Ylang	aus den Blüten des tropischen Baumes	entzündungshemmend, feuchtigkeitsspendend, hautregenerierend	ausgleichend, beruhigend, stärkt das Selbstvertrauen, aphrodisierend	→ Seite 90, 106, 111
Zedernholz	aus der Rinde der Atlaszeder	antiseptisch, entzündungshemmend, durchblutungsfördernd, zellregenerierend strafft die Haut → bei unreiner, fettiger Haut und Akne, hilft gegen Cellulite	entspannend, beruhigend, harmonisierend, löst Ängste	
Zitrone	aus den Schalen der Zitrone	stark antiseptisch, entzündungshemmend → bei unreiner, fettiger Haut und Akne, bei Insektenstichen	anregend, inspirierend, vitalisierend	→ Seite 55, 93, 115

REGISTER | Die **halbfett** gesetzten Seitenzahlen verweisen auf Abbildungen.

SERVICE

BEZUGSQUELLEN

Hier finden Sie online alle benötigten Rohstoffe und Zubehör wie Equipment, Verpackung und Dekomaterial:
www.behawe.com
www.brennessel-muenchen.de
www.dragonspice.de
www.feeling.at
www.manske-shop.com
www.spinnrad.de

LITERATUR

Käser, Heike: *Naturkosmetische Rohstoffe.* Freya-Verlag, Linz.
Nübling, Kurt Ludwig: *Aromatherapie für Einsteiger – Die gebräuchlichsten ätherischen Öle auf einen Blick.* Koha-Verlag, Burgrain.
Snyder, Kimberly: *Der Beauty Detox Plan.* Südwest Verlag, München.
Staabs, Nicole: *Detox – Das Kochbuch.* Gräfe und Unzer Verlag, München.

ADRESSEN

BDIH Bundesverband der Industrie- und Handelsunternehmen für Arzneimittel, Reformwaren, Nahrungsergänzungsmittel und kosmetische Mittel e. V., L 11, 20–22, 68161 Mannheim, www.bdih.de
Ecocert Kontroll- und Zertifizierungsstelle für nachhaltige Entwicklung in Deutschland, Postfach 10934, 78409 Konstanz, www.ecocert.com

TIPPS UND TRICKS

www.bund.net/toxfox Eine App, mit der Sie checken können, ob hormon-manipulierende Chemikalien in einem Produkt stecken.
www.kontrollierte-naturkosmetik.de/naturkosmetik.htm Wichtige Infos zu Kontrollen und Prüfzeichen auf Kosmetik.
www.storyofcosmetics.org Ein kurzer Film über Chemie in Kosmetik und welche Auswirkungen sie auf unsere Gesundheit hat.

DANK

Besonderer Dank an Sandra Schucht, Tanja Bernauer und Robert Lankes für ihre Expertise und wertvollen Input. Berit Walch, Birgit Arteaga und Sibel Adekunle, die den Stein ins Rollen gebracht haben. Cornelia Nunn und Dr. Stefanie Gronau von GU für die geduldige Betreuung. Desanka Fuss, Tina Säufferer, Corinna Prinz und Simone Schiffler fürs unerschrockene Produkte testen. Thomas und Liv Scheiba für die Unterstützung und Inspiration.

WICHTIGE HINWEISE

Alle Ratschläge und Rezepte in diesem Buch wurden von der Autorin sorgfältig recherchiert und in der Praxis erprobt. Dennoch bedeutet Naturkosmetik nicht automatisch, dass alle enthaltenen Inhaltsstoffe für jeden Menschen geeignet sind. Falls Sie nach der Anwendung eines Produktes Unverträglichkeitsreaktionen oder allergische Symptome feststellen, sollten Sie dieses daher umgehend absetzen und einen Arzt aufsuchen. Weder Autorin noch Verlag können für eventuelle Nachteile oder Schäden, die aus den im Buch gegebenen praktischen Hinweisen resultieren, eine Haftung übernehmen.

IMPRESSUM

DIE AUTORIN

Anita Bechloch, ehemalige TV Producerin, Journalistin und Art Direktorin, hat sich buchstäblich mit Haut und Haar dem Kreieren eigener Skin Care verschrieben. Mit ihren drei Büchern konnte sie schon viele von den Vorzügen selbst hergestellter Naturkosmetik überzeugen. 2019 brachte sie eine eigene Kosmetiklinie auf den Markt. www.the-glow.com

DER FOTOGRAF

Jochen Arndt arbeitet seit vielen Jahren weltweit als Fotograf für internationale Kunden und Verlage. Wenn er nicht auf Reisen ist, verbringt er seine Freizeit gerne mit Kochen und mit seinem Hund. Infos unter www.jochenarndt.com

BILDNACHWEIS

Alle Fotos stammen von **Jochen Arndt** mit Ausnahme von: **Getty Images:** 105; **Lang, Coco**: 103 beide; **Shutterstock:** 20–23 alle; **Illustrationen: Matias Kovacic:** 41, 79
Syndication:
www.seasons.agency

Projektleitung: Cornelia Nunn
Lektorat: Dr. Stefanie Gronau
Korrektorat: Andrea Lazarovici
Bildredaktion: Petra Ender
Innen- und Umschlaggestaltung: independent Medien-Design, Horst Moser, München
Herstellung: Sigrid Frank
Satz: Reemers Publishing Services GmbH, Krefeld
Reproduktion: Longo AG, Bozen
Druck und Bindung: Firmengruppe APPL, aprinta druck, Wemding

Printed in Germany

9. Auflage 2022
ISBN 978-3-8338-4173-6

www.facebook.com/gu.verlag

GRÄFE UND UNZER

Ein Unternehmen der
GANSKE VERLAGSGRUPPE

QUALITÄTS GARANTIE GU

LIEBE LESERINNEN UND LESER,
wir wollen Ihnen mit diesem Buch Informationen und Anregungen geben, um Ihnen das Leben zu erleichtern oder Sie zu inspirieren, Neues auszuprobieren. Wir achten bei der Erstellung unserer Bücher auf Aktualität und stellen höchste Ansprüche an Inhalt und Gestaltung. Alle Anleitungen und Rezepte werden von unseren Autoren, jeweils Experten auf ihren Gebieten, gewissenhaft erstellt und von unseren Redakteur*innen mit größter Sorgfalt ausgewählt und geprüft.
Haben wir Ihre Erwartungen erfüllt? Sind Sie mit diesem Buch und seinen Inhalten zufrieden? Wir freuen uns auf Ihre Rückmeldung. Und wir freuen uns, wenn Sie diesen Titel weiterempfehlen, in Ihrem Freundeskreis oder bei Ihrem Online-Kauf.
Sollten wir Ihre Erwartungen so gar nicht erfüllt haben, tauschen wir Ihnen Ihr Buch jederzeit gegen ein gleichwertiges zum gleichen oder ähnlichen Thema um.

KONTAKT ZUM LESERSERVICE
GRÄFE UND UNZER VERLAG
Grillparzerstraße 12
81675 München
www.gu.de

Umwelthinweis:
Dieses Buch ist auf PEFC-zertifiziertem Papier aus nachhaltiger Waldwirtschaft gedruckt.